AF489862

Mensagens que Vão me ajudar

Autor: Eudes Borges

Produção Independente: eudesferreira.blogspot.com

Recife/PE, março de 2021.

Dedico esta quarta obra literária de minha autoria a todos os que amam a leitura. Aos que, de alguma forma, são fascinados pelas mensagens que edificam a alma e que trazem paz de espírito. A você que tem a consciência de que é através da leitura que o ser humano exercita a sua mente e aprende mais das coisas de Deus.

O AUTOR

Nascido na década de 1970, no estado de Pernambuco, Eudes Borges viveu sua infância em Recife, onde se dedicou aos estudos. No ano de 2003 passou a estudar, com mais profundidade, o curso de teologia, e já em 2010 criou o blog *Sem Medo de Dizer a Verdade - eudesferreira.blogspot.com*, disponibilizando, diariamente, artigos diversificados. Em 2011 instituiu seu canal na plataforma do Youtube, aonde também vem lançando seus ensinamentos sobre a Palavra de Deus. No ano de 2012, formou-se Bacharel em Direito na Faculdade de Ciências Humanas de Pernambuco - SOPECE. Advogado licenciado desde 2012, por força do Artigo 28, Inciso II, do Estatuto da Advocacia e da Ordem dos Advogados do Brasil – OAB, tem se dedicado aos ensinamentos atualizados nesses dois ramos de ciências humanas. Autor do livro **A Verdade que Liberta**, publicado no primeiro mês de 2020, no amazon.com, vem se destacando com um considerado número de vendas. Em outubro do mesmo ano publicou seu segundo livro, denominado **Aquilo que eu disse**, também no amazon.com, o qual, igualmente, vem obtendo um estimado número de vendas. Em dezembro de 2020 promulgou a sua terceira obra literária: **Revelações do Profeta Jeremias**, também no amazon.com. Cristão praticante tem cumprido sua missão no campo evangelístico, sempre comprometido com a Palavra de Deus e com a justiça social.

SUMÁRIO

Prefácio..10

Mensagem 01 – Pare ficar conversando com cobra....................................11

Mensagem 02 – O caráter é revelado quando não tem ninguém observando..14

Mensagem 03 – O Ponto fraco de cada um..16

Mensagem 04 - Ou tem o Espírito Santo dentro de nós ou tem demônios........19

Mensagem 05 - Quem fica falando mal dos outros não atravessa o Jordão..22

Mensagem 06 - Se cerque e amizades que tenham prazer em te ver subir na vida..24

Mensagem 07 - Todas as coisas me são licitas, mas nem todas convêm.........26

Mensagem 08 – Pare de ficar olhando para a árvore proibida....................29

Mensagem 09 – O preguiçoso..31

Mensagem 10 - Quando você perde o temor você perde tudo....................33

Mensagem 11 - Cuidado com suas necessidades, porque é justamente através delas que o diabo vai se aproximar..36

Mensagem 12 - Não adianta você sair de Sodoma - Sodoma tem que sair de você...39

Mensagem 13 - Resolva os pequenos problemas..41

Mensagem 14 - Que tarefa difícil é ajudar alguém que está em desobediência..44

Mensagem 15 – A lição de José..46

Mensagem 16 - O tempo de esconder e o tempo do projeto aparecer........48

Mensagem 17 - Você não tem que ficar discutindo com gente que está embaixo..50

Mensagem 18 – O nosso adversário...52

Mensagem 19 - Para que serve o período de aflição?.................................55

Mensagem 20 - Deus não interfere em nossas vontades.............................57

Mensagem 21 - A matemática de Deus..59

Mensagem 22 - Cuide do seu aprisco...61

Mensagem 23 - Pare de colocar a culpa no diabo...63

Mensagem 24 - O fato de você estar ferido não te impede de Deus te usar pra abençoar outras pessoas...66

Mensagem 25 - Quem se impressiona somente com a aparência vai se decepcionar com o caráter...69

Mensagem 26 - Marcas do passado...71

Mensagem 27 - Não deixe o barco naufragar..73

Mensagem 28 - O jeitinho brasileiro...76

Mensagem 29 - O telefone sem fio...78

Mensagem 30 - Qual o propósito da tua existência?...80

Mensagem 31 - O divórcio e o novo casamento..82

Mensagem 32 - Não deixe o pecado tirar a essência de Deus da tua vida.........85

Mensagem 33 - Nunca será do teu jeito...87

Mensagem 34 - Sei que minhas qualidades cobrem meus defeitos...89

Mensagem 35 - Não case com alguém só por causa da beleza, da formosura ou da aparência...92

Mensagem 36 - O cristão que machuca os outros...95

Mensagem 37 - Há estações próprias para a nossa vida 98

Mensagem 38 - Seja autêntico..100

Mensagem 39 - Joga Jonas pra fora do teu barco...102

Mensagem 40 - O coração sensível..104

Mensagem 41 - O fogo revela quem é quem...106

Mensagem 42 - É através de Golias que você vai chegar na promessa que Deus estabeleceu para a tua vida..108

Mensagem 43 - Você sabe por que você não quer se batizar nas águas?..110

Mensagem 44 - Pare de ficar sonhando desgraças...112

Mensagem 45 - É preciso varrer a casa...114

Mensagem 46 - E agora que chegou a tua vez, vai desistir?.............................116

Mensagem 47 - O teu silêncio prega pra muita gente..119

Mensagem 48 - Como vencer as guerras da mente............121

Mensagem 49 - O trigo e a palha............123

Mensagem 50 - Selecione melhor as suas amizades............126

Mensagem 51 - Não duvide das promessas de Deus e nem fique contando os seus sonhos para os outros............129

Mensagem 52 - Antigos companheiros............132

Mensagem 53 - Até quando você vai continuar lutando com a força do teu braço?............134

Mensagem 54 - Está na hora de você parar de atribuir aos outros aquilo que é responsabilidade sua............136

Mensagem 55 - Quem aprende a depender de Deus no deserto, continua dependendo Dele na prosperidade............138

Mensagem 56 - Deus não vai mudar a opinião Dele por causa das nossas opiniões............140

Mensagem 57 - A sua família precisa de você............142

Mensagem 58 - O tempo do preparo de Deus............144

Mensagem 59 - Água mole em pedra dura, tanto bate até que fura............146

Mensagem 60 - Não fique de conversa com o pecado............149

Mensagem 61 - Com Deus sempre seremos maioria............151

Mensagem 62 - Se você não se alimentar agora não vai conseguir estar preparado para vencer os próximos níveis dos problemas............154

Mensagem 63 - A zona de conforto e a fraqueza espiritual............156

Mensagem 64 - Quando Deus mandar você sair não insista em ficar............159

Mensagem 65 - Tomar decisões na dúvida pode te levar a lugares perigosos............161

Mensagem 66 - As pedras do caminho............163

Mensagem 67 - A bomba relógio............165

Mensagem 68 - Nem todo mundo tem a mesma maturidade espiritual que a sua............167

Mensagem 69 - Reedificando os muros............169

Mensagem 70 - Começar de novo............171

Mensagem 71 - Cuidado com as suas escolhas............174

Mensagem 72 - Os dois tipos de aflições...176

Mensagem 73 - A melhor roupa, o anel e as sandálias....................................179

Mensagem 74 - Os degraus...181

Mensagem 75 - O significado da oração do pai nosso.....................................183

Mensagem 76 - O processo é necessário..187

Mensagem 77 - Depois da decepção vem o milagre..190

Mensagem 78 - Tem coisas que já estão estabelecidas na vida – teremos que passar...192

Mensagem 79 - Traumas do passado...194

Mensagem 80 - Quem é você dentro do vale?..196

Mensagem 81 - A voz que não devo escutar...198

Mensagem 82 - Você precisa aprender a dar uma resposta ao diabo...............200

Mensagem 83 - E o enterro voltou...202

Mensagem 84 - Não ouça os filhos de belial..204

Mensagem 85 - Cuidado com o poder encantador do diabo............................206

Mensagem 86 - Sonhos que podem se transformar em pesadelos...................208

Mensagem 87 - A dor da ingratidão...211

Mensagem 88 - Não entre em guerras que Deus não mandou você entrar......214

Mensagem 89 - No tempo de Deus...217

Mensagem 90 - A parábola do semeador...219

Mensagem 91 - Por que você insiste em abrir portas que você sabe que foi Deus quem fechou?..224

Mensagem 92 - As consequências dos projetos de Deus................................227

Mensagem 93 - E se o amanhã não existir?..230

Mensagem 94 - O passado só é passado quando ele não interrompe o teu presente..233

Mensagem 95 - As virtudes do filho pródigo..236

Mensagem 96 - Toda pessoa que não tem propósito na sua vida, vive competindo com o propósito dos outros..239

Mensagem 97 - Deus permite o mal para despertar a nossa fé.......................241

Mensagem 98 - Veio pra matar, mas Jesus te deu livramento........................243

Mensagem 99 - O perigo dos atalhos...245

Mensagem 100 - Às vezes Deus permite a mordida da cobra...........................248

Mensagem 101 - Ninguém está vendo você no campo...................................250

Mensagem 102 - Sua família está sendo alcançada por causa do teu relacionamento com Deus..252

Mensagem 103 - Não há resposta sem entrega de vida.............................254

Mensagem 104 - Deus permite perdas pra gente chegar ao propósito...........256

Mensagem 105 - Vai ficar comparando a sua vida com a dos outros?............259

Mensagem 106 - Afaste-se de pessoas negativas....................................262

Mensagem 107 - Nada e ninguém podem te parar, a não ser você mesmo.....264

Mensagem 108 - O diabo vai atacar no dia que você estiver cansado...........266

Mensagem 109 - O fato de você ter Jesus não vai te impedir de viver uma vida livre de problemas...268

Mensagem 110 - Se Deus falasse tudo o que iria acontecer na tua vida você não entraria no barco..270

Mensagem 111 - Por que você insiste em permanecer do lado de fora da arca?..272

Mensagem 112 - Tem gente que ainda não está preparada pra receber o milagre agora..274

Mensagem 113 - Você vai se revoltar com Deus por que não conseguiu milagre?..277

Mensagem 114 - Não se revolte com Deus por causa das injustiças que você está sofrendo...279

Mensagem 115 - É preciso sair do meio da multidão.................................281

Mensagem 116 - Não perca a presença de Deus na sua vida....................283

Mensagem 117 – Somos todos dependentes...285

Mensagem 118 - O poder da oração...287

Mensagem 119 - O navio pode quebrar, mas a sua vida será preservada por Deus...289

Mensagem 120 - Como é que você vai passear pelo palácio em tempo de guerra?...291

<u>PREFÁCIO</u>

A maioria dos cristãos, infelizmente, não se preocupa em saber o que Deus quer para a sua vida. Nos últimos tempos, temos percebido que o interesse pelas coisas espirituais está cada vez mais em extinção.

Embriagados pelos interesses das coisas seculares e materiais, as pessoas têm se esquecido que o mais importante do que ser alguém no meio da multidão é manifestar o caráter de Deus.

As coisas matérias passam, enquanto que as espirituais são eternas, mas infelizmente o diabo tem bloqueado a mente das pessoas, fazendo-as escravas de suas próprias necessidades cotidianas.

Foi justamente pensando em mudar essa sistemática mundana que o autor trouxe nesta obra literária, mensagens edificantes que vão falar profundamente ao coração de todos os que quiserem se alimentar espiritualmente da palavra de Deus.

As cento e vinte mensagens contidas neste livro oferecem o fortalecimento da fé e o encorajamento aos que precisam de um lembrete sobre as verdades básicas da vida e o estímulo de boas ideias sobre a maneira de lidar com os desafios que surgem no cotidiano.

A leitura desta obra é indispensável àqueles que querem saber o que Deus tem revelado para a sua vida e que querem desenvolver a sua vida espiritual e a comunhão com o Criador.

Por isso, espero que esta obra possa atender a expectativa de todos, e que o Espírito Santo consiga renovar a fé de cada um dos leitores. Boa leitura!

Eudes Borges, março de 2021.

Mensagem 01

Pare de ficar conversando com cobra

O capítulo 3, do livro de Gênesis, mostra uma história muito interessante: **o diálogo entre Eva e a cobra.**

Observe que Eva não tinha como controlar aquilo que a cobra falou, mas tinha o poder de determinar a reação dela, porém, infelizmente, a reação dela foi conversar com a cobra.

Como todos conhecem a história, esse diálogo com a serpente, acabou com a vida de Eva e de toda a sua família e isso nos traz uma reflexão:

Você não tem domínio sobre as cobras que estão ao seu redor, mas pode ter domínio sobre aquilo que ouve. Pare de absorver tudo o que está ao teu redor. Não faça igual a Eva. Não fique de conversinha com a serpente.

Pare de tentar mudar as pessoas. Pare de tentar calar a boca da cobra, você não vai conseguir. O diabo não vai mudar a natureza dele, ele vai continuar sendo diabo sempre.

É você que precisa mudar a maneira como você reage diante das adversidades, das calúnias, das setas e das palavras que o diabo lança sobre a sua vida.

Você não tem o poder de mudar as coisas que estão ao seu redor, mas tem o domínio pra dizer: isso eu aceito, isso eu não aceito. A reação é sua. Você pode não dominar a língua da cobra, mas pode dominar se aquele veneno vai te machucar ou não.

Você pode não ter o domínio sobre o que as pessoas estão falando, mas pode determinar se aquela palavra vai te entristecer ou não. Você só se fere quando deixa o veneno entrar no seu coração.

Você só se machuca quando passa a guardar coisas que não é pra guardar. Você pode não ter o domínio sobre a cobra, mas pode ter o domínio sobre as suas atitudes.

O problema de Eva foi que ela parou pra conversar com a cobra e por isso caiu no pecado e desgraçou a vida de toda a sua família.

Agora você consegue entender porque tem muita coisa que está conseguindo te levar pra longe de Deus! Porque você está agindo igual a Eva; está parando para conversar com a serpente.

O diálogo com a cobra está destruindo a tua vida espiritual. Saia dessa. Deixe a serpente falando sozinha. Não guarde aquilo que a cobra está falando com você.

A maioria dos homens de Deus caiu porque pararam para conversar com as cobras. Por que Sansão caiu? Porque deitou a cabeça no colo de Dalila, ou seja, deu ouvidos à palavra da cobra (Juízes 16).

 Por que Davi caiu no pecado? Porque deixou de ir pra guerra e resolveu passear no palácio, ou seja, deu legalidade pra serpente (2ª Samuel 11).

Entretanto, por que José conseguiu fugir da mulher de Potifar? Porque quando viu que a cobra queria chamá-lo para o bate papo, para o pecado e para a cama, ele fugiu, deu no pé, não parou pra conversar com a serpente (Gênesis 39).

Por isso, não fique conversando com gente que quer te levar ao pecado. Pare de ficar conversando com a cobra, pare de alimentar a serpente. Observe o que o Espírito Santo está te ensinando.

Mensagem 02

O caráter é revelado quando não tem ninguém observando

O livro de Gênesis, a partir do capítulo 39, mostra o momento que José estava preso. A mulher de Potifar o havia seduzido e queria de toda forma ter relações sexuais com ele.

Só que José fugiu, e ela, para se vingar, contou uma história totalmente mentirosa para o seu marido, afirmando que José teria tentado estuprá-la. Por esse motivo José foi preso injustamente.

Mas por que José foi preso? Porque ele fugiu dos laços do adultério, porque tinha caráter e não traiu o seu patrão. Preferiu pagar o preço do que trair os seus princípios.

O caráter, na maioria das vezes, não é revelado pela frente. O caráter é revelado quando não tem ninguém observando. É quando a gente tem a oportunidade de fazer o que é errado, mas não faz porque os nossos valores falam mais alto do que os impulsos que estamos tendo naquele momento.

Foi o que aconteceu com José. O caráter dele falou mais alto e ele fugiu do pecado, fugiu do adultério, para não trair os seus princípios éticos e morais.

Isso não quer dizer que ele não era homem ou que não tinha vontade de pecar, é lógico que ele era homem e tinha vontade de transar, mas os princípios dele falaram mais alto e por isso não caiu na armadilha daquela mulher sedutora.

A mulher de Potifar estava doida para se relacionar sexualmente com aquele rapaz bonito, jovem e atraente. Ninguém estava vendo os dois naquela ocasião, mas além de José ter caráter, ele sabia que Deus estava vendo e o diabo também.

Permaneça nos princípios, porque sempre vale a pena permanecer em Deus. Vão existir momentos que você vai ser testado, assim como José foi, mas é justamente nesses momentos que você vai mostrar se tem caráter ou não, se quem vai falar mais alto são seus impulsos ou o seu caráter.

Você é de Deus. Não jogue sua salvação na lata do lixo.

Mensagem 03

O ponto fraco de cada um

O livro de Juízes conta a história de um homem consagrado a Deus que se chamava Sansão. Esse homem era tão forte que matou um leão com as próprias mãos porque Deus estava com ele (Juízes 14, versículos 5/6).

Deus lhe concedeu uma força física muito maior do que qualquer ser humano, mas isso não foi o suficiente para compensar sua fraqueza interior. A bíblia conta que Sansão era obcecado por sexo e isso trouxe graves consequências para o seu ministério e para a sua vida pessoal.

Todos nós temos áreas na vida onde somos mais fracos. Todos nós temos as nossas fraquezas, mas Deus quer que essas falhas de caráter nos mostrem o quanto somos dependentes Dele.

Quando lhe damos com nossas fraquezas da forma certa, elas nos levam a um relacionamento mais profundo e íntimo com o Senhor Jesus, porém, uma fraqueza descontrolada causa muitos estragos na vida de uma pessoa.

Sansão tinha um ponto fraco: ele não conseguia controlar os seus impulsos sexuais. Quantas pessoas hoje em dia têm passado por isso, não é mesmo? A mídia tem sido um grande instrumento de satanás para corromper os valores de Deus. E muitas pessoas, até mesmo cristãs, têm sido enganadas pelas ilusões do pecado.

Sansão, apesar de ter sido criado em um lar onde Deus era honrado e tivesse uma missão importante em sua vida, cedeu aos seus impulsos carnais e desobedeceu às escrituras, que ele conhecia tão bem.

Segundo a Lei de Deus, Sansão não podia se envolver com mulheres estrangeiras, pois ele era nazireu (Juízes 14/3). Mas ele perdeu o controle e foi atrás de uma prostituta e se envolveu com ela (Juízes 16/1).

Pouco depois ele conheceu outra mulher chamada Dalila e acabou se entregando de corpo e alma para ela, tudo por causa de sexo (Juízes 16/4).

Nesse momento, os filisteus, que eram inimigos de Sansão, descobriram que ele estava se deitando com Dalila e ofereceram muito dinheiro para que ela descobrisse de onde vinha a força dele (Juízes 16/5).

Ela aceitou a proposta e fez muita chantagem emocional para que ele revelasse o seu segredo. Como Sansão estava apaixonado por Dalila ele acabou contando que suas forças vinham das tranças de seus cabelos, que nunca haviam sido cortados, por causa de um voto (promessa), que seus pais fizeram a Deus (Juízes 16/, versículos 16/17).

A triste notícia é que Sansão foi capturado, teve seus olhos furados pelos inimigos e o puseram a girar um moinho na prisão. Antes de morrer Sansão perdeu tudo o que tinha: as forças, a visão e sua honra (Juízes 16/21).

Com isso nós devemos fazer uma reflexão, diante dessa trágica história em que Sansão se entregou aos seus desejos carnais: qual é a sua fraqueza? O que está te impedindo de obedecer a Deus? Por que você tem fugido dos caminhos Dele, ao invés de se entregar a Ele?

Talvez seja o seu medo; talvez seja o seu orgulho; talvez seja a área sexual, assim como Sansão; talvez seja a cobiça, ou a insegurança? Cada um sabe qual é o seu ponto fraco; cada um sabe qual é a sua fraqueza interior.

O que o Espírito Santo está tentando nos mostrar é que todas essas falhas de personalidades podem nos dar um impulso muito grande para que vigiemos; para que não caiamos nas tentações da vida e não tenhamos o mesmo fim que teve Sansão.

Não existe super-homem e nem super mulher. Todos nós temos nossas fraquezas, o nosso ponto fraco. Aquele que pensa que está de pé cuide para que não caia (1ª Coríntios 10/12). A ordem do dia é vigiar para não entrar em tentação.

Sansão se achava o gostosão, o todo poderoso; pensava que podia brincar com Deus; quebrou a cara! Não cometa o mesmo erro que ele cometeu; tome cuidado. A inclinação para o pecado pode arruinar a tua vida, assim como aconteceu com Sansão.

Cuidar do ponto fraco. Essa é a direção do Espírito Santo para a nossa vida.

Mensagem 04

Ou tem o Espírito Santo dentro de nós ou tem demônios

A bíblia relata em 1ª Samuel 16/14, o momento em que o Espírito Santo se afastou da vida de Saul. E quando isso aconteceu imediatamente um espírito maligno passou a se manifestar sobre o corpo dele, atormentando os seus dias e a sua alma.

Isso aconteceu devido a uma quebra de princípios. Saul desobedeceu a Deus e passou a viver de acordo com as suas próprias vontades e essa desobediência atraiu demônios para a vida dele.

Mas observe que mesmo possuído por espíritos malignos Saul continuou reinando. Ele continuou reinando, mas perturbado por demônios.

Note que a bíblia não está falando de alguém que estava no mundo. O texto sagrado está se referindo a Saul, rei de Israel, um homem que no início de sua trajetória vivia debaixo dos princípios de Deus, mas que com o passar do tempo passou a viver ao seu bel prazer e, por conseguinte, desagradar a Deus e por isso o Espírito Santo se afastou dele.

E quantas pessoas que estão dentro das igrejas, com funções de pastor, de obreiro ou de diácono, que estão cometendo os mesmos erros de Saul? Muitas.

Pessoas que às vezes estão em grandes lugares, em grandes igrejas, em grandes ministérios, mas na verdade perderam o temor do Senhor, perderam princípios. Talvez por causa de coisas supérfluas como fama, dinheiro ou vaidade.

Quando o Espírito Santo saiu da vida de Saul, os demônios entraram imediatamente. Jesus também nos advertiu sobre isso. Está escrito em Lucas 11, versículos 24/26, que o nosso corpo não pode ficar vazio, porque se isso acontecer o Espírito Santo sai e os demônios entram com mais sete espíritos piores.

Então o texto sagrado nos traz a seguinte conclusão: ou tem o Espírito Santo dentro de nós ou tem demônios. E algumas pessoas não conseguem entender isso. Elas acham que pelo simples fato de fazer o bem ou de realizar a caridade, não podem ter algum tipo de mal sobre a vida delas, só porque praticam boas obras.

Só que na verdade as boas obras fazem parte da vida de uma pessoa que é salva, mas não significa que ela está salva, porque a salvação não vem mediante as obras. A salvação vem mediante assumir a fé em Jesus Cristo (Efésios 02).

Por isso, o nosso corpo não pode ficar vazio, porque se não tem Deus tem demônios. É esse o resumo de toda essa passagem bíblica.

Há um interesse de Deus de habitar dentro de nós. Entretanto, quando você dá legalidade ao mal e se afasta dos princípios da fé, o mal entra na sua vida e destrói tudo, assim com aconteceu com Saul.

Pode observar que têm muitas pessoas que se dizem de Deus, estão dentro das igrejas, fazendo a obra, mas na verdade estão possuídas por espíritos imundos, igual a Saul. Os frutos podres que elas apresentam comprovam isso. Os maus testemunhos comportamentais comprovam isso.

Mas infelizmente é muito difícil de essa situação se reverter sabe por quê? Porque geralmente esse tipo de gente está com a mente cauterizada, o que a impede de enxergar que está mal. Saul não reconheceu que estava mal, não aceitou os conselhos do profeta Samuel e por isso se perdeu definitivamente. Seu fim foi terrível (1ª Samuel 31).

A bíblia nos ensina ainda, que o diabo fica ao nosso derredor procurando uma oportunidade para nos atacar (1ª Pedro 5/8). Isso é muito sério, porque o diabo é paciente, ele sabe esperar. Por isso abra os olhos e reconheça que você precisa da misericórdia de Deus.

O teu título eclesiástico ou o teu status social não podem estar acima da tua comunhão com Deus, porque toda vez que você resolver quebrar os princípios de Deus e viver na desobediência, você acabará dando legalidade para que espíritos malignos se apossem da tua vida.

Não cometa esse suicídio espiritual. Seja um eterno dependente de Deus. Vigie e guarde a tua fé. O Espírito Santo está com saudades de você.

Quem fica falando mal dos outros não atravessa o Jordão

A bíblia relata em 2ª Reis, capítulo 2, do versículo 01 ao 11, a caminhada de Elias e de Eliseu. Dois homens de Deus que tiveram destaques na história do povo de Israel.

O capítulo mostra como ocorreu à sucessão do profeta Elias. Entretanto, os primeiros 11 versículos nos ensinam sobre a perseverança de Eliseu em continuar no propósito.

Eliseu sabia, juntamente com os filhos dos profetas, que havia uma profecia pra acontecer naquele dia: Elias seria levado ao céu, e por isso insistiu em permanecer ao lado do homem de Deus.

Os filhos dos profetas sabiam disso e ficavam a todo o momento tentando contaminar a fé de Eliseu para que ele desistisse da caminhada, mas Eliseu não deixou Elias de forma alguma (versículo 03).

Eliseu decidiu continuar no propósito, mas os filhos dos profetas permaneceram falando a mesma coisa. Continuaram tentando melar a fé do homem de Deus para que ele desistisse da caminhada da fé.

Mas Elias partiu com Eliseu em direção ao rio Jordão, em obediência à voz de Deus, enquanto que os 50 filhos dos profetas ficaram de longe observando e falando da vida dos outros (versículo 07).

Então Elias tomou a sua capa e feriu as águas e ambos passaram para o outro lado do Jordão, a pés enxuto, desfrutando do milagre divino.

Mas por que os filhos dos profetas ficaram antes do Jordão e Eliseu e Elias passaram o Jordão em seco de forma milagrosa?

A reposta é simples: porque quem fica falando dos outros, quem fica criticando os outros, não atravessa caminhos, não conquista propósitos, não conquista milagres. Toda pessoa que vive falando dos outros não prospera, não cresce.

Os 50 filhos dos profetas, que viviam falando mal da vida de Eliseu, não conseguiram passar pelo Jordão, porque assim é a vida daqueles que não andam segundo a vontade Deus, que ficam criticando os outros, que ficam semeando contendas, semeando desgraças e que sempre tem um coração negativo para as coisas da vida.

Quem fala mal da vida dos outros sempre fica pra trás e quem caminha dentro do propósito de Deus passa pelo rio Jordão em seco.

Por isso, não se preocupe com o que os filhos dos profetas ficam falando sobre você; eles não conseguirão passar pelo Jordão. Ficarão de longe, observando a tua vitória e serão obrigados a bater palmas para o teu testemunho, assim como aconteceu com Eliseu.

Se cerque e amizades que tenham prazer em te ver subir na vida

A bíblia nos mostra em 2ª Reis, capítulo 2, o grau de amizade existente entre Elias e Eliseu. Dois homens de Deus que tiveram destaques na história do povo de Israel.

Eliseu era amigo íntimo e discípulo de Elias e sabia que naquele dia, uma profecia extraordinária iria acontecer. Elias seria levado ao céu, em uma carruagem de fogo.

Os filhos dos profetas sabiam disso e ficavam a todo o momento tentando contaminar a fé de Eliseu para que ele desistisse da caminhada, mas Eliseu não deixou Elias de forma alguma (versículo 3).

Narra o texto sagrado, que Elias partiu com Eliseu em direção ao rio Jordão, em obediência à voz de Deus e, ao chegar às margens do rio, Elias tomou a sua capa e feriu as águas e ambos passaram para o outro lado do Jordão, a pés enxuto, desfrutando do milagre divino.

Depois de terem atravessado o rio, Elias perguntou o que Eliseu queria e o mesmo lhe pediu porção dobrada da unção do Espírito Santo (versículo 9).

A amizade entre os dois era tão grande que Eliseu não o abandonou, nem mesmo na hora de sua morte (arrebatamento). Ele ficou até o final vendo Elias subir pelo redemoinho e, como consequência, recebeu o milagre que tanto desejava que era ter a unção em dobro.

A gente precisa ter esse tipo de relacionamento. Essa amizade aqui fala um pouco pra nós.

Se cerque de pessoas que estejam ao seu lado, e que tenham prazer de ver você subir na vida. Se cerque de relacionamentos que tenham prazer de ver você crescer.

O que tem de gente que tem prazer em ver você ser levado ao chão é muito grande, não é verdade? Por isso, se cerque de amizades e de relacionamentos como Eliseu, que esteve até o final com Elias e continuou perseverando, mesmo depois de vê-lo subir.

Aprenda com a história desses dois amigos. Esteja ao lado de pessoas que tenham prazer em ver você prosperar, em ver você brilhar na vida. Se cerque de pessoas que se alegram com suas vitórias, com aquilo que Deus está fazendo na sua vida.

Essa é a direção do Espírito Santo para você. Não a despreze.

Mensagem 07

Todas as coisas me são licitas, mas nem todas convêm

Veja o que está escrito em 1ª Coríntios 6/12: *"Todas as coisas me são licitas, mas nem todas convêm. Todas as coisas me são licitas, mas nem todas edificam. Todas as coisas me são licitas, mas eu não me deixarei dominar por nenhuma delas".*

Essa palavra é direcionada exclusivamente para quem é convertido, ou seja, para os que assumiram uma fé em Jesus Cristo.

Quem está em Cristo é livre, não é mais escravo do pecado, como o ímpio é (2ª Coríntios 5/17). Mas o fato de o cristão ser livre não significa que deve fazer todas as coisas. Nem tudo que eu posso fazer eu devo fazer.

Na vida é assim. Tem tanta coisa que a gente pode fazer e que a gente quer fazer, mas não deve fazer. Porque esse fazer vai gerar na sua vida ou na de outra pessoa, algo ruim, uma colheita ruim.

Então tem coisas que eu posso fazer, mas eu não devo fazer, porque se eu fizer vai me afastar de Deus, vai afastar pessoas de Deus, vai gerar alguns problemas, vai gerar escândalos.

Você precisa entender que as suas vontades não podem ter domínio sobre sua vida. Os seus desejos não podem ter domínio sobre você, porque Jesus te libertou.

Se a tua consciência acusar, não faça. Uma coisa é você errar sem ter consciência do que está realizando, mas a partir do momento que a tua consciência acusar, não faça. É a Palavra de Deus que vai te ensinar. Por isso você precisa ler a bíblia para saber o que agrada ou desagrada a Deus.

Você precisa entender se aquilo que você está fazendo vai fazer com que outras pessoas pequem. Você precisa entender se aquilo que vai fazer vai escandalizar o nome de Jesus. É isso que Paulo está ensinando.

Você precisa se preocupar com a reação do próximo, e não só consigo mesmo. Você precisa ver se aquilo que está fazendo vai escandalizar outras pessoas. Por isso está escrito que você pode tudo, mas nem tudo convém.

Aqui está o princípio do cristianismo. Você tem que estar preocupado com a imagem do evangelho. As pessoas enxergam Jesus em você, então se você escandalizar o nome de Deus, com coisas que não convém, com coisas que não edificam, ou com coisas que te dominam, você vai impedir que essas pessoas sejam salvas.

Elas vão se escandalizar com o teu mau comportamento e vão pensar que todo evangélico, todo crente é igual a você, e por isso nunca irão querer se entregar ao evangelho.

Você pode tomar bebida alcoólica, mas você deve? Claro que não! Porque se as pessoas souberem que você bebe vão se escandalizar, e o nome de Jesus vai ser envergonhado.

Você pode dançar uma música brega, mas você deve? Lógico que não! Porque se as pessoas te virem dançando as músicas seculares vão se escandalizar e o nome de Jesus vai ser envergonhado. Esses são pequenos exemplos que se encaixam no que Paulo está querendo dizer.

Você pode fazer tudo, mas nem tudo te convém a fazer. Você pode fazer tudo, mas nem tudo que você fizer vai edificar. Você pode fazer tudo, mas não deve ser dominado por nenhuma das coisas que escandalizam o nome de Jesus, o nome da igreja.

Observe o seu comportamento. Tem muita coisa que você vai deixar de fazer para não gerar escândalos nos outros. Se a tua consciência acusar, ou gerar dúvidas, não faça. Você é a vitrine do evangelho. Lembre-se disso.

Mensagem 08

Pare de ficar olhando para a árvore proibida

A bíblia relata, em Gênesis, a partir do capítulo 03, a história de Adão e de Eva. Diz o texto sagrado que os dois viviam na companhia de Deus no Jardim do Éden.

Os dois tinham o domínio de todas as coisas e possuíam a permissão de comer de tudo, exceto da árvore proibida, mas não foi isso que aconteceu.

A bíblia diz, no versículo 06, que Eva entrou em processo de queda espiritual, que se deu em quatro etapas:

1)   E vendo a mulher que aquela árvore era boa;
2)   E agradável aos seus olhos;
3)   E desejável para o seu entendimento;
4)   E tomou do fruto e comeu.

<u>Observe com detalhes os passos que Eva deu para praticar o pecado:</u> Primeiro ela viu, depois desejou, em seguida teve a vontade de ser parecida com Deus e por último comeu do fruto.

Com isso o Espírito Santo nos ensina uma grande lição: ninguém cai da noite para o dia. Primeiro a pessoa vê; depois deseja; se agrada daquilo que vê; absorve aquilo que vê e, ao absorver aquilo que está vendo, consome do fruto.

A consumação do fruto é a consequência daquilo que a pessoa estava vendo. Esse é justamente o problema. Você está vendo aquilo que Deus te proibiu de ver.

Esse olhar para o fruto vai gerar um desejo em você e vai te levar à consumação do pecado. Você sabe que é errado. Você sabe que é pecado e esse sentimento de não poder, vai te levar ao pecado, vai te levar à queda.

Cuidado com aquilo que você vê. Cuidado com o seu olhar. Em Lucas capítulo 11/35, diz que os nossos olhos são a candeia do corpo. Se os nossos olhos forem bons, todo o nosso corpo será bom, mas se os nossos olhos forem maus, todo o nosso corpo estará em trevas.

Aquilo que eu vejo é aquilo que eu desejo. Aquilo que eu desejo é aquilo que eu consumo e a consumação é a manifestação do pecado.

Muda aquilo que você vê. Porque se você mudar aquilo que você vê, você vai mudar aquilo que você deseja. E se você mudar aquilo que você deseja você não terá atitude de pecado. E se você não tiver atitude de pecado você não vai ser mandado para fora do Éden.

O problema é que você passa a maior parte do tempo vendo aquilo que Deus te proibiu, por isso você vai cair. Observe as etapas que leva o ser humano a pecar. Foge do teu olhar.

Foge daquilo que você sabe que você é fraco. Muda os seus olhos, porque se você mudar o seu olhar você vai mudar os seus pensamentos e você mudando os seus pensamentos, você vai mudar as suas atitudes e você mudando as suas atitudes, você não vai cair no pecado.

Fuja da árvore que te leva ao pecado. Você só pode desejar aquilo que você vê. Se você passar a vida inteira vendo a árvore proibida você vai cair.

Quando Deus falou para Adão e para Eva que eles poderiam comer de todas as árvores e menos de uma, Ele estava colocando limites na vida dos dois. Então coloque limites na tua vida e pare de ficar olhando para a árvore proibida.

Mensagem 09

O preguiçoso

Vai ter com a formiga ó preguiçoso, considera os seus caminhos e ser sábio. Não tendo ela chefe, nem oficial, nem comandante, guardam a comida. Ó preguiçoso, até quando ficarás deitado? Quando te levantarás do teu sono? (Provérbios 06, versículo 6/9)

O evangelho não combina com a covardia ou com quem gosta de adquirir vitorias sem participar delas. O evangelho não combina com a preguiça. O evangelho é para guerreiros; para pessoas que têm coragem de enfrentar as guerras da vida.

A bíblia diz em Mateus 11/12 que desde os tempos de João Batista até agora, o reino dos céus é tomado por esforços e todos aqueles que se esforçam tomam posse dele.

O reino dos céus e as vitorias que vêm da parte de Deus é para quem quer cingir os lombos para enfrentar as adversidades da vida; é para os corajosos, para os que têm disposição de lutar.

Não dá para fazer parte do Reino de Deus e esperar que as coisas caiam dos céus sem que façamos a nossa parte. É ilógico.

O salmista Davi disse que esperava com paciência no Senhor (Salmo 40), mas ele esperava travando as batalhas; esperava participando das guerras. No dia em que Davi resolveu esperar em casa descansando, enquanto os outros travavam a batalha, ele caiu (2ª Samuel capítulo 11).

Infelizmente muitas pessoas querem esperar no Senhor sem fazer esforços. Muitos querem esperar em Deus sem colocar as armaduras do Espírito; sem partir para a peleja contra o inimigo de nossas almas.

É por isso que muitas vezes satanás consegue derrubar algumas pessoas porque elas são preguiçosas e gostam de facilidades. O preguiçoso prefere ficar em casa esperando as coisas caírem dos céus, por isso não sai da lama.

O Reino de Deus não tem facilidade. Quem quer vitórias da parte de Deus não pode esperar moleza. Tem que cingir os lombos; tem que preparar o arco; tem que afiar a flecha; tem que amolar a espada; tem que pegar o escudo e parir para a peleja.

Lute sem medo e sem ter nenhuma preocupação de perder, porque com Deus é vencer ou vencer. O evangelho não combina com a preguiça.

Mensagem 10

Quando você perde o temor você perde tudo

A bíblia relata no capítulo 1 do livro de Êxodo que depois dos tempos de José do Egito, surgiu um Faraó que começou a atormentar o povo hebreu.

Com medo de que os judeus hebreus continuassem crescendo numerosamente, Faraó deu ordem as parteiras para que matassem os recém nascidos do sexo masculino e que deixassem viver somente as crianças do sexo feminino.

Entretanto, diz o texto sagrado que as parteiras tiveram tanto temor a Deus que resolveram desobedecer à ordem de Faraó e não mataram os recém nascidos.

A palavra temor é de suma importância para a vida de um cristão, porque diante das decisões que você precisa tomar, é essa palavra que vai nutrir aquilo que é certo.

Qualquer decisão mais importante que você precisar tomar, seja a escolha de um namoro, de um casamento, de um trabalho ou de amizades, se você não tiver o temor de Deus em seu coração, com certeza vai errar feio e, por conseguinte, vai pagar preço.

Por isso que a bíblia também diz em Provérbios 9/10, que o temor a Deus é o principio de toda a sabedoria humana.

Quando a pessoa perde o temor, perde os limites diante da presença de Deus. É muito perigoso quando alguém resolve caminhar nessa terra sem o temor, porque a falta dele vai levá-la para caminhos de desgraças e de decepções.

Às vezes por temer a Deus você vai deixar de tomar decisões que a tua carne tem vontade de fazer, porque a consciência vai acusar na hora.

Na maioria das vezes a tua carne vai querer tomar um monte de decisões, mas o temor do Senhor vai falar mais alto e fazer com que você se controle e não saia do caminho da razão e fé.

Quando a pessoa perde o temor ela se entrega aos impulsos, as circunstâncias e aos momentos de prazer e, por conseguinte, envergonha o nome de Cristo. Você deve conhecer um monte de gente assim que um dia estava submetido aos princípios da fé e que agora estão sendo escravas do pecado, das coisas mundanas.

Por isso você deve pedir a misericórdia de Deus todos os dias para não se tornar mais um dos que se perderam no caminho.

A bíblia está cheia de relatos de homens que perderam o temor e que por causa disso tiveram suas vidas destruídas: **Saul** foi um deles e acabou cometendo suicídio (1ª Samuel 31).

O rei Asa também perdeu o temor e preferiu confiar mais nos médicos, do a que em Deus e acabou morrendo com uma doença incurável (2ª Crônicas 16/12).

Judas Iscariotes, que perdeu o temor e o seu fim foi o suicídio (Mateus 27). Enfim, vários personagens bíblicos que começaram a trajetória da fé muito bem, mas que no meio do caminho perderam o temor e trilharam por caminhos sem volta e nefastos.

Eu sei que viver em obediência a Deus vai custar algumas coisas na nossa vida, porque a obediência não traz as coisas mais fáceis. A mentira traz.

É muito mais fácil se corromper; é muito mais fácil viver sem temor do que viver uma vida de renúncia. Mas tudo aquilo que você conquistar pela mentira vai te escravizar e não vai trazer paz pro teu coração.

A obediência e o temor podem demorar algumas coisas na tua vida, mas tudo aquilo que você conquistar na obediência você vai conquistar com honra e de maneira consolidada, porque o temor sempre vale à pena.

Mensagem 11

Cuidado com suas necessidades, porque é justamente através delas que o diabo vai se aproximar

Mateus capítulo quatro, fala sobre a tentação de Jesus. O diabo tentou Jesus dentro da necessidade dele. Jesus estava vindo de um propósito de oração e de jejum e após ficar tantos dias sem comer, o diabo se aproximou de Jesus e disse: tu não és filho de Deus? Por que tu não pega essa pedra e transforma em pães?

Por que o diabo fez isso? Porque justamente o tentador sabia que Jesus estava com fome. E por saber que Jesus estava sem comer, o diabo veio e o tentou, dentro da necessidade dele.

Cuidado com isso. Porque constantemente **o diabo vai tentar você nas suas necessidades**. Dificilmente o diabo vai te tentar em coisas que pra você são supérfluas. O diabo vai te tentar em coisas que ele sabe que para você é uma necessidade.

<u>Veja o que o Espírito Santo está te revelando:</u> nem toda provisão que aparece no momento de necessidade vem de Deus. Você precisa ter discernimento para o momento que você está vivendo.

Nem toda porta que se abre foi Deus que abriu, assim como nem toda porta que se fecha foi o diabo que fechou. Às vezes Deus fecha portas e o diabo abre outras. Às vezes Deus fecha porta para te dar livramento de alguma coisa. Às vezes Deus fecha porta para te preservar de alguma coisa, para te guardar de alguma coisa.

Haverá momentos em que o diabo vai abrir portas para te oferecer alguma coisa, para tirar você do caminho de Deus. Na maioria das vezes o inimigo se levanta para tentar dentro da nossa necessidade e nem sempre a gente deve se entregar para o momento que a gente está vivendo.

Nem sempre o momento que parece ser de provisão vem de Deus. Às vezes a provisão do momento é algo que vai te levar para longe do propósito de Deus.

Portanto, tenha muito cuidado com suas necessidades, porque é justamente através delas que o diabo vai se aproximar, da mesma forma como ele tentou Jesus, para tentar você também.

Ele vai agir na sua fraqueza, ele vai direto às suas fragilidades. Ele se aproveita que você está vulnerável e vai te oferecer aquilo que pra você parece ser bom no momento. Ele vai tentar seduzir você, para quebrar o propósito e te levar para longe de Deus.

<u>Só tem uma maneira de vencer o diabo nessas situações:</u> é através da Palavra.

Faça como Jesus. Quando o diabo falou pra Ele se entregar para aquele momento e transformar a pedra em pães, Jesus combateu o diabo com a Palavra. <u>Ele disse</u>: "nem só de pão viverá o homem, mas de toda palavra que sai da boca de Deus" (versículo 4).

Quando você alimenta o seu espírito com as coisas do céu, não tem força carnal que possa te tirar do propósito. Se você alimentar o seu espírito você vai matar a sua carne. Se você alimentar o seu espírito você vencerá as tentações que tentam te seduzir ao pecado.

Alimente a sua vida de coisas espirituais que a sua carne vai passar fome e o tentador não vai ter poder de atingir você e muito menos terá condições de atingir a sua fé.

Mensagem 12

Não adianta você sair de Sodoma - Sodoma tem que sair de você

Em Gênesis, capítulo 19, mostra a história da destruição da cidade de Sodoma e de Gomorra. Deus concedeu uma chance à família de Ló, permitindo que eles saíssem de Sodoma, antes de iniciar a destruição. <u>Entretanto, uma ordem foi dada</u>: eles não deveriam olhar para trás.

Como você já deve ter ouvido falar, a mulher de Ló não resistiu e olhou para trás e foi transformada em uma estátua de sal (versículo 26).

Pois bem. Não foi o fato de a mulher de Ló ter olhado para trás que a tornou em uma estátua de sal. A questão não estava no olhar. Ela virou estátua porque desobedeceu à voz de Deus. Então não foi o olhar que a condenou, foi a desobediência no coração.

A ordem do anjo foi para ela não olhar para trás (versículo 17). **Mas observe que Abrão também olhou para trás e não virou estátua de sal,** porque aquilo que o anjo disse para ela não disse para Abrão (versículos 27 e 28).

Deus cobrou da mulher de Ló algo que não cobrou de Abrão, porque na verdade quem estava em Sodoma era a família de Ló. Deus trata cada pessoa de uma forma. A uns Ele dá um tipo de ordenança, enquanto que a outros dá outro tipo de ordenança.

A exigência da mulher de Ló foi maior, porque o coração dela estava em Sodoma, por isso a ordem do anjo foi para ela não olhar para trás. Ela virou estátua de sal, não porque somente olhou, mas porque desobedeceu.

Olhar todo mundo olha, mas Deus não cobra do nosso olhar, Ele cobra da intenção do coração, da forma como eu olho, da maneira como eu olho. O mais importante que a forma que você olha, é a maneira como você está olhando.

Ela virou estátua, na verdade, porque quando ela olhou para trás estava com vontade de voltar para Sodoma. Ela correu para frente, mas o coração dela tinha ficado lá atrás. Ela saiu de Sodoma, mas Sodoma não saiu dela. Ela fugiu da cidade, mas a cidade estava dentro dela. Ela saiu do pecado, mas o pecado permanecia dentro dela.

Não adianta só você sair de Sodoma; Sodoma tem que sair de você. Não adianta só você abandonar as velhas amizades; as velhas amizades têm que sair de você. Não adianta só você mudar os ambientes, você tem que tirar os ambientes do teu coração. Você tem que tirar a iniquidade de dentro do teu coração.

Você tem que tirar essa mentalidade perversa do pecado de dentro do teu coração. Não é só sair de Sodoma, é deixar Sodoma sair de você. Não é simplesmente sair do mundo, é necessário você tirar o mundo de dentro de você. Não é simplesmente abandonar os vícios, é necessário deixar os vícios saírem de você.

Antes de você querer mudar as coisas que estão do lado de fora, comece a mudar as coisas que estão dentro do teu coração, porque ninguém consegue mudar por fora, se primeiro não mudar por dentro.

Pega essa Palavra e toma posse da tua vitória, em nome de Jesus!

Mensagem 13

Resolva os pequenos problemas

"Apanhai-nos as raposas, <u>as raposinhas</u>, que fazem mal às vinhas, porque as nossas vinhas estão em flor." (Cantares 02/15).

Às vezes a gente passa a maior parte do tempo só preocupado com as coisas grandes e nos esquecemos das pequenas coisas.

A bíblia diz no livro de Joel, a partir do capítulo 1, que constantemente a colheita de Israel era destruída por coisas pequenas. Pequenos gafanhotos destruíam as lavouras da nação de Israel inteira. O povo viveu uma crise terrível por causa de um gafanhoto.

Tem gente que passa a maior parte do tempo preocupado com um leão, mas é um gafanhoto que pode levar a nossa vida a desgraça. As pequenas coisas são capazes de nos destruir, por isso devemos nos preocupar com elas, porque nem sempre são as coisas grandes que nos abalam.

Você precisa ter muito cuidado porque quem sabe você está aí se preocupando com as grandes coisas, mas o que o Espírito Santo está nos mostrando é que são as pequenas coisas, um pequeno pecado, uma pequena brecha, um pequeno vacilo, que são capazes de destruir a sua vida.

Cuidado com os pequenos deslizes. Você sabe que o que destrói um casamento são os pequenos problemas que vão crescendo, se acumulando e lá na frente se transformam em grandes problemas, que por sua vez, geram destruição para aquela família.

Quando o pecado entra na vida de alguém ele não começa grande. Quando o pecado entra na vida de alguém ele começa pequeno e vai crescendo, se acumulando, aumentando e vai passando a ter domínio sobre a vida da pessoa.

É por isso que você deve confessar os seus pecados e não deixar que eles cresçam e tenham domínio sobre a sua vida. São as pequenas coisas que podem te levar a derrota. Fique atento ao alerta do Espírito Santo.

Você só se preocupa com as grandes coisas, mas são os pequenos problemas que estão te levando à desgraça. Os pequenos pecados, as pequenas brechas, os pequenos momentos que você está cedendo para o pecado, os pequenos momentos que você está se envolvendo com coisas que não agradam a Deus.

Cuidado com o celular e com o tempo que você passa na internet. Coisas bobas, pequenas e simples, mas estão atingindo a tua vida espiritual, porque você já não tem mais vontade de orar, de ir à igreja, de ler a bíblia, enfim, são esses pequenos probleminhas, aparentemente insignificantes, que estão conseguindo neutralizar a tua fé e se você não os bloquear, com certeza te levarão à destruição.

Um pequeno problema dentro de uma família pode destruir uma casa inteira. Um pequeno problema dentro de um ambiente de trabalho pode percorrer o local inteiro. São justamente os pequenos problemas que podem acabar com uma vida.

A ordem do dia é: precisamos resolver as pequenas coisas. Não deixe os pequenos problemas acumularem na sua vida. Não deixe os pequenos deslizes crescerem na sua vida.

Tem gente que está guardando rancor e está deixando o rancor crescer. Tem gente que está guardando a tristeza e está deixando a tristeza crescer e é por isso que tem muita dificuldade de pedir perdão, porque não resolveu as pequenas coisas.

Resolva os pequenos problemas, porque os pequenos pecados, as raposinhas, podem te levar a destruição.

Mensagem 14

Que tarefa difícil é ajudar alguém que está em desobediência

Como é difícil tentar ajudar alguém que está em desobediência. Normalmente quem está em desobediência é porque rompeu com Deus e se tornou adepto do mundo.

Quem está em desobediência não aceita mais os conselhos de Deus para a sua vida; olha para o céu e não acredita mais que a direção do Altíssimo é o melhor caminho a seguir.

A bíblia diz que o preço que o rei Saul pagou por estar em desobediência foi ser oprimido por demônios (1ª Samuel 16/14). Por causa disso, mandaram buscar Davi, que tocava a sua harpa para tentar ajudar a acalmar o rei, para que o diabo o deixasse (1ª Samuel 16/23).

Mesmo o rei Saul sendo ajudado por Davi, ele o invejou; mesmo sendo ajudado por Davi, ele tentou matá-lo. Mesmo sendo ajudado, ele detestava Davi (1ª Samuel 19, versículos 9/11). Eita negócio difícil é ajudar alguém que está em desobediência.

Mesmo tendo sido vítima de Saul; mesmo quase tendo sido assassinado pelo rei, Davi não desistiu daquela alma; lutou até o fim, pois sabia que Deus o havia constituído ganhador de almas.

É bem verdade que Saul não quis se consertar; preferiu se manter na desobediência e por isso cometeu suicídio (1ª Samuel 31/4), mas Davi, como homem de Deus, fez a parte dele. E é isso que o Espírito Santo está pedindo no dia de hoje: não desista de ganhar almas, foi para isso que Deus te escolheu.

Eu sei que se você tentar ajudar alguém que está em desobediência, talvez essa pessoa tente até te prejudicar e você tenha que fugir dessa pessoa, assim como aconteceu com Davi, mas não desista nunca dessa alma.

Deus te escolheu para ganhar almas; Deus te chamou para ser usado por Ele. Não desista. Mesmo que essa pessoa não reconheça; mesmo que você tenha que experimentar o fardo da ingratidão, continue sendo uma benção na vida dessa pessoa.

Mesmo sabendo o quão difícil é ajudar quem está em desobediência, nunca desista dela. Deus nunca desistiu de você.

Veja que quando Davi tocava a harpa, o céu se abria; quando Davi tocava, o diabo ia embora; quando Davi tocava, a gloria de Deus se manifestava, porque Davi estava em obediência, porque ele era um ganhador de almas. Você sabe que quem ganha almas é sábio (Provérbios 11/30).

Você não precisa abraçar o mundo com os braços, porque você tem um Deus que é dono do universo, mas nunca desista de ganhar a alma dessa pessoa que está em desobediência, mesmo sabendo que é uma missão dificílima.

Mensagem 15

A lição de José

Hoje iremos falar da história de José, que está contida em Gênesis 37.   É a história de um rapaz que teve um sonho e o contou para seus irmãos e os seus irmãos o venderam como escravo e ele foi para o Egito e se tornou governador.

O sonho dizia que Deus tinha um grande plano na vida desse rapaz, só que infelizmente, às vezes, mesmo Deus tendo um plano maravilhoso na vida de uma pessoa, essas pessoas precisam de um tratamento das mãos do próprio Deus. E esse era o caso de José.

Quando os irmãos de José o jogaram no fundo do poço (versículo 24), eu creio que já era o projeto de Deus se iniciando na vida dele. Porque do fundo do poço a gente só consegue olhar para o céu. Do fundo do poço não dá para olhar para a vida dos outros. <u>Do fundo do poço não dá para fazer o que José fazia sempre:</u> ficar olhando os defeitos dos irmãos e ficar contando para o pai.

O que o Espírito Santo quer dizer com isso? Ele está mostrando que Deus tem um projeto na sua vida; que Deus tem uma história fantástica para você, mas esse projeto só vai ser concluído, só virá à tona, no dia em que você aprender a parar de fazer fofoca contra os seus irmãos.

Mesmo que você precise ir profundo do poço; mesmo que você precise passar por guerras terríveis na caminhada, enquanto você não estiver preparado, Deus não vai colocar o cedro, o cajado em suas mãos. Ele não vai colocar a vitória em suas mãos.

A bíblia diz ainda que chegando ao Egito José foi trabalhar na casa de um homem chamado Potifar. Diz também que tudo o que o ele fazia prosperava. Só que a mulher de Potifar um dia se apaixonou por José e tentou seduzi-lo, mas ele não aceitou e ela inventou uma mentira e por causa dessa mentira José foi preso (Gênesis 39).

O que eu acho interessante é que José chegou à cadeia, mas dessa vez não falou mal da mulher de Potifar. Note que ele não diz que foi a mulher de Potifar que armou uma cilada para ele. Agora José estava crescendo espiritualmente; estava aprendendo e amadurecendo.

Aqui ele passou a entender uma coisa: que quem tem projeto de Deus em sua vida, as vezes tem que pagar o preço, mesmos tendo razão. Quem tem projeto de Deus em sua vida, tem de passar por sofrimento, mesmo tendo razão; tem que se passar por alguém que errou, mesmo não tendo errado.

Se Deus tem um projeto na sua vida, pare de fazer fofoca, porque senão esse projeto nunca vai entrar em execução. Se você quiser tomar posse das maravilhas que Deus tem para tua vida, pare de falar mal das pessoas, mesmo que você tenha razão.

José aprendeu essa lição e, de escravo, tornou-se governador. Tomou posse do projeto de Deus em sua vida e o tornou real.

Mensagem 16

O tempo de esconder e o tempo do projeto aparecer

No capítulo 2 do livro de Êxodo, a bíblia mostra o início da história de Moisés. A partir do versículo 01, o texto sagrado diz que Deus guardou Moisés desde o nascimento.

Quando Moisés nasceu a ordem do rei da época foi mandar matar todas as crianças do sexo masculino. E de alguma forma Deus preservou Moisés e outras crianças hebréias. A intenção do diabo era destruir as crianças. Só que Deus tem o controle de tudo.

A nossa vida está debaixo do controle de Deus. Ele decide o tempo da vida e o tempo da morte. Ele tem o controle sobre todas as coisas. Ele guardou Moisés porque tinha um propósito na vida dele.

A bíblia diz ainda que a mãe de Moisés conseguiu escondê-lo por três meses. Não podendo mais escondê-lo, tomou um cesto de junco e deixou na beira do rio para ver se alguém achava o garoto e o salvava daquela situação.

Existe o tempo que Deus nos esconde para nos preservar, para nos proteger, assim como ocorreu com Moisés. E você às vezes murmura por certos acontecimentos da vida, e nem sabe que é Deus que está te escondendo para te preservar de coisas ruins da vida.

Quando Deus separar você de algumas amizades ou de certos ambientes, é porque Ele está te protegendo de coisas ruins, como Moisés ficou escondido no cesto.

A bíblia mostra ainda, que quando a mãe de Moisés o colocou naquele cesto de vime e o soltou no rio, ela ficou observando de longe. Moisés estava dentro do cesto e não sabia o que estava acontecendo do lado de fora, mas a mãe dele estava o tempo todo observando para onde o rio lhe levava, até que ele foi pego pela filha de Faraó.

Isso quer dizer que Deus está o tempo todo nos observando e nos protegendo, até que o propósito Dele se cumpra em nossa vida. Nunca estamos sozinhos neste mundo. Deus está conosco em todos os momentos. É isso que o Espírito Santo quer que você entenda.

Fica tranquilo. Descansa a tua alma porque Deus está vendo tudo o que acontece com você (Apocalipse 19/12). Pela tua visão você está pensando que está sozinho, mas do lado de fora, Deus está te acompanhando. Ele nunca abandona seus filhos.

Você acha que se estivesse sozinho você tinha suportado tudo o que você tem aguentado? Se Deus está te guardando é porque Ele está contigo e tem grandes projetos para a tua vida, assim como foi com Moisés, que foi usado para libertar o povo de Israel da escravidão egípcia.

Aquilo que Deus separou para você ninguém vai tirar das tuas mãos. Os projetos vão se concretizar na tua vida. Aquilo que Deus tem para te entregar ninguém vai tirar de você.

Deus tinha um projeto grande na vida de Moisés e também tem para você. Descansa o teu coração; não fique inquieto, porque Jesus está trabalhando na tua vida. Tudo está debaixo do tempo de Deus. Não esquenta!

Você não tem que ficar discutindo com gente que está embaixo

Toda a humanidade conhece a história da crucificação de Jesus. O filho de Deus que veio ao mundo para salvar todos os que crêem em seu sacrifício (João 3/16).

Jesus foi crucificado e colocado em um lugar alto. A cruz foi cravada embaixo, nas mãos e nos pés, mas quando foi estendida, ficou erguida no alto (João 19/17).

A bíblia diz que os que estavam embaixo começaram a criticar Jesus (Mateus 27, versículos 39/43); começaram a agredi-lo com pancadas, com uma lança de ferro (João 19/34).

Quem furou Jesus com a lança estava embaixo. Quem criticou Jesus estava em baixo. Quem se levantou contra Ele estava embaixo, mas Jesus estava em cima. Veja que revelação o Espírito Santo está nos dando!

Observe que nesse mundo acontece justamente o contrário: quem é colocado para o alto e quem bate. Nesse mundo quem é colocado pra cima é quem faz as coisas erradas.

Mas no mundo de Deus é diferente. No mundo de Deus maior não é quem bate, é quem perdoa. Maior para Jesus não é quem bate, é quem suporta pancada e perdoa.

No momento da crucificação Jesus estava em cima e não parou para discutir com quem estava embaixo. Veja que em momento algum Jesus desceu ao nível daqueles que o criticava e que lhe feriu (Marcos 14/61).

Se você é uma nova criatura em Cristo então não tem que sair de cima para tentar discutir com gente que está embaixo. Se você foi crucificado com Cristo você não tem que descer o nível para discutir com gente que ainda não está no mesmo nível que você. Essa é a revelação do Espírito Santo.

Se você foi crucificado com Cristo não tem mais a natureza adâmica, você vive agora a vida do filho de Deus (Gálatas 2, versículos 19/20).

Teu nível de maturidade está acima daqueles que te criticam. Por isso, não pare pra ficar discutindo com gente que não entende as coisas do evangelho.

O apóstolo Paulo nos ensina que quem é carnal não entende as coisas do Espírito e para eles, a cruz é loucura, mas para nós que somos espirituais, a loucura é a glória de Deus sobre a nossa vida (1ª Coríntios 02, versículos 12/14).

Quando você não entende que foi crucificado com Jesus continua agindo carnalmente e não passa por uma transformação interior, por isso fica discutindo e dando atenção aos que estão te criticando e te ofendendo.

Mas quem lança pedras está embaixo. Quem te critica está embaixo. Quem se levanta contra tua vida está embaixo. Quem fica em grupinhos falando da tua vida está embaixo e você que é um cristão de verdade está com Jesus, em cima.

Então perdoe quem lança pedras. Não pague na mesma moeda, porque o evangelho mudou a tua vida. Você agora é um homem de Deus; uma mulher de Deus.

Mensagem 18

O nosso adversário

"Sede sóbrios e vigilantes. O diabo, vosso adversário, anda em derredor, como leão que ruge procurando alguém para devorar" (1º Pedro, 5, v. 8).

O Espírito Santo através dessa Palavra descrita em 1ª Pedro 5/8, nos revela quatro aspectos muito importantes:

- **Primeiro aspecto: Ele nos mostra que temos um adversário permanente.**

É muito comum as pessoas acharem que os problemas, as lutas e as adversidades são ocasionadas por pessoas e coisas. Por isso, quando passam por alguma situação contrária, logo querem colocar a culpa no vizinho, no amigo de trabalho, na cunhada, no parente, enfim, a culpa é de todo mundo, menos do diabo.

Observe que a bíblia diz que temos um adversário oculto. O diabo é espírito e como tal não o vemos. Diz o texto sagrado também que ele veio para matar, roubar e destruir. Sua função é desfazer aquilo que Deus fez, ou seja, atingir a criatura de Deus, que somos nós seres humanos.

O que ele conseguiu ao longo da história foi colocar na cabeça de muitos que ele não existe. Logo, se ele consegue fazer o ser humano entender que ele (diabo) não existe, fica bem mais fácil de dominar aquela vida, pois como a pessoa vai lutar contra algo que não existe?

Mas Deus, através dessa palavra, mostra a todos os seres humanos que se intitulam cristãos, que o diabo existe e que ele é o nosso adversário espiritual. É contra ele que devemos estar atentos e vigilantes para não nos tornarmos presas fáceis.

- **Segundo aspecto: Ele nos mostra que o diabo anda ao nosso derredor, permanentemente.**

Observe que a vida espiritual é diferente da material. Na vida material vemos as pessoas que nos rodeiam e que estão em nossa convivência diária. A percepção é fácil e por isso temos uma chance imensa de nos proteger de ataques humanos.

Mas no campo espiritual é diferente, estamos em "desvantagem" porque não o vemos. O diabo é espírito e por isso não o percebemos facilmente. A bíblia diz nesse versículo que ele anda ao nosso redor, mas note que nem sempre percebemos suas investidas.

Mesmo a pessoa sendo batizada com o Espírito Santo não está imune desse perigo. É bem verdade que o diabo não pode tocar na pessoa que é batizada com o Espírito Santo, mas ele está ao derredor só esperando uma brecha para poder entrar novamente e atingi-la.

- **Terceiro aspecto: Ele nos adverte que o diabo tem as características de um leão que ruge**

Você já parou para ver como um leão ruge? Quando ele ruge ninguém fica perto, pois o medo de ser atacado pelo mamífero carnívoro é tão grande que dá logo uma tremedeira e a pessoa sai correndo para bem longe da fera.

Ora meu amigo e minha amiga, isso quer dizer que o diabo fica a todo o momento rugindo contra nós, ou seja, mostrando suas ameaças contra o ser humano, com palavras, gestos, intimidações e situações. Ele usa pessoas para rugir contra nós, com intimidações em forma de problemas e perseguições.

Por isso, não o subestime, mas esteja atento e vigilante para retrucar cada ameaça que vier do leão espiritual.

- **<u>Quarto aspecto:</u> A quarta e última revelação que Deus nos traz nesse versículo é que o diabo vive a todo o momento procurando alguém para devorar.**

Ora meu amigo e minha amiga. Como disse antes, a função do diabo é tentar, de alguma forma, atingir a criatura de Deus, que é o ser humano. Por isso ele sempre estará alerta e a procura de alguém para devorar.

Quando o leão acha uma presa fácil note que ele a devora num piscar de olhos. É questão de segundos. Espiritualmente falando é a mesma coisa. Deus nos revela, através dessa mensagem comparativa, que o diabo tem a mesma artimanha e força. Ele vive ao nosso derredor procurando um vacilo, uma brecha e quando encontra, já era. Ele acaba com tudo.

Por isso, O Espírito Santo nos ensina que devemos estar sóbrios e vigilantes para não nos tornarmos presas fáceis do leão espiritual.

Não vacile e também não o subestime. Tenha uma vida reta e verdadeira com Deus. Esteja sempre no esconderijo do Altíssimo para que o leão não possa te devorar.

Essa é a mensagem que Deus nos traz no dia de hoje. Que o amigo tenha entendido e se fortalecido no poder de Deus.

Mensagem 19

Para que serve o período de aflição?

Salmo 119/67 diz assim: "antes de ser afligido andava errado, mas agora guardo a tua palavra".

Ninguém gosta de ser afligido, ninguém gosta de passar por lutas, mas o período da aflição é o período que Deus usa ou que nos é útil para nos ajustar no caminho.

Eu sei que a gente não entende os processos que a agente vive. Eu sei que às vezes a gente não consegue compreender nada, quando está passando por um período de aflição e de guerra.

Ninguém gosta de passar por lutas, ninguém gosta de passar por guerras, mas o Espírito Santo nos diz, através dessa passagem bíblica citada no salmo 119, que o período de aflição é o período que serve para nos ajustar no caminho que Deus tem para a nossa vida.

É um processo difícil, doloroso; se você pudesse fugia dele, mas eu sei que você não pode fugir dele. Esse processo nada mais é do que Deus te alinhando ao caminho que Ele tem para a tua vida.

Veja que os momentos difíceis nos aproximam mais de Deus. Quando a coisa está fácil demais o ser humano automaticamente entra em uma zona de conforto e se afasta da fé, das orações e da igreja. Quando a coisa está fácil demais a gente arruma desculpa para tudo.

A gente só consegue aprender a confiar quando é colocado no meio de uma situação adversa. A gente só se aproxima mais de Deus quando o cinto aperta. Então essa aflição nada mais é do que o instrumento que Deus está usando para te aproximar mais Dele.

Essa aflição é pedagógica, é uma escola de Deus para você, para tua casa, para tua vida e para os teus sonhos. Não tenha medo desse processo, porque ele não é para tua morte; pelo contrário, Deus está usando esse processo para te alinhar ao propósito que Ele tem para tua vida; para te trazer para mais perto Dele.

Quando essa fase acabar; quando esse vento passar, você vai olhar para trás e agradecer a Deus, porque vai entender que você se tornou um vaso alinhado ao projeto Dele.

Tudo aquilo que estava em você que atrapalhava o agir de Deus na sua vida, durante esse processo, Deus está eliminando. Comece a olhar para essa fase da sua vida com gratidão. Agradeça a Deus pelas lutas; agradeça a Deus pelas aflições, porque no meio delas Deus está te alinhando para os projetos Dele na tua vida.

Você vai sair melhor, mais forte, mais corajoso, mais cheio de autoridade. Essa fase tem dia e hora para acabar e a única coisa que vai mudar nisso tudo, é que você estará melhor a cada dia.

Deus está cuidando de tudo. Ele zela pela tua vida; Ele zela pela tua casa. Tua história está nas mãos de Deus. Não tenha medo; é só uma questão de tempo; confia em Jesus.

Mensagem 20

Deus não interfere em nossas vontades

57

A bíblia relata no livro de Gênesis, a história de um rapaz que caminhava todos os dias ao lado de Deus. Todas as coisas pertenciam a esse rapaz, mas somente uma lhe foi proibida: o fruto do conhecimento.

Deus havia constituído uma ordem para Adão no sentido de que ele poderia desfrutar de todas as coisas que existiam na terra, com exceção do fruto proibido. Mas como todos conhecem a história, esse rapaz, utilizando do seu livre arbítrio, resolveu escolher desobedecer ao Senhor e comeu do fruto proibido.

Por causa dessa escolha equivocada, esse rapaz pagou o preço e, como consequência, sofreu a dor do distanciamento de Deus. Sua vida jamais foi a mesma depois dessa escolha errada.

Isso nos traz uma reflexão: não é vontade de Deus que você se perca, mas Ele não vai impedir suas decisões. Ele não quer que você escolha o caminho errado, mas Ele não vai livrar você, se você desejar continuar no caminho errado.

Deus concedeu ao ser humano o livre arbítrio, que nada mais é do que o direito de escolha. Deus me deu o direito de eu decidir aquilo que eu quero; se o caminho daquilo que me leva para perto de Dele ou se o caminho daquilo que me leva para perto do diabo.

A bíblia diz que Deus não tem prazer na morte do ímpio, pelo contrário está escrito que Ele se alegra com a morte do justo. (Salmos 116/15). Por isso é muito mais válido morrer com Cristo do que morrer sem Ele.

Por mais que Deus não tenha prazer na morte do ímpio, Deus não vai livrar você das suas escolhas. Porque Deus te deu o livre arbítrio e é justamente por esse motivo que Ele não vai interferir nas suas decisões.

Deus não quer que você escolha o caminho que vai te levar para longe Dele, mas Ele também não impedir você de escolher esse caminho equivocado. Ele não interferiu no direito de escolha de Adão.

Deus quer que todo o ser humano vá para o céu. Jesus não quer que o ser humano morra sem Ele, mas jamais irá interferir em nossas decisões. Qual atitude você vai tomar? Você quer um caminho que telava a luz ou um caminho que te leva a escuridão?

Jesus disse que o caminho que nos leva a luz é estreito e larga é a porta que leva a perdição (Mateus 07, versículos 13/14). Então se você escolher Deus saiba que o caminho é estreito. Se você escolher Jesus, saiba que terá que viver uma vida de renúncia e de sacrifícios.

Existe uma condição para chegarmos ao céu. O velho homem tem que morrer para que venha nascer Cristo dentro da gente (João 3/3). Deus quer o céu para a nossa vida, mas são nossas escolhas que vão decidir o nosso futuro.

A bíblia diz que quando o teu coração está aberto e você confessa as suas fraquezas e abandona as suas transgressões, você alcança a misericórdia (Provérbios 28/13).

Não culpe os outros e nem tão pouco a Deus pelas escolhas certas ou erradas que você fez em sua vida. Deus jamais irá interferir em seu livre arbítrio. <u>Quando for tomar uma decisão pergunte para si mesma:</u> **o que Jesus faria em meu lugar?**

Mensagem 21

A matemática de Deus

Às vezes o propósito de Deus vem escondido dentro das adversidades. Às vezes a promessa de Deus vem embrulhada dentro das dificuldades.

Deus permite as lutas, a dor e o sofrimento, para que você experimente a promessa Dele se cumprir na tua casa. Enquanto você está vendo os problemas, Deus está dizendo: vai desembrulhando, porque dentro deles têm promessas para se cumprir (Salmo 126, versículos 5/6).

Para que você conheça a Deus, são necessárias as dificuldades, explico:

Como é que você vai conhecer um Deus que exalta, se você não for humilhado? Como conhecer um Deus que levanta, se você não cair? Como conhecer um Deus que cura, se você não ficar doente? Como conhecer um Deus que abre a porta, se a porta não fechar? Como conhecer um Deus do impossível, se não tiver nada impossível na sua vida?

Os problemas fazem parte do processo para que o milagre de Deus se manifeste na nossa vida (1ª Coríntios 10/13). Isso não significa que devemos aceitá-los. Não é isso que estou dizendo. O que o Espírito Santo está mostrando é que são através dos problemas que conhecemos o poder de Deus (2ª Coríntios 12/9).

A gente precisa entender um pouco a mentalidade de Deus. Mas para a gente entender um pouco a cabeça de Deus precisamos ler a bíblia. Tudo o que Deus quer revelar para o ser humano está na bíblia.

A matemática de Deus é diferente da matemática do homem (2ª Pedro 3/8). Maior pra Deus não é quem cresce, é quem desce (Mateus 23/12). Feliz pra Deus não é quem está sorrindo, é quem está chorando (Mateus 5/4). Dá para entender a matemática de Deus? Lógico que não. Ninguém explica Deus.

Então, quando Deus permitir que você passe por uma luta, por uma adversidade, é porque Ele quer que promessas se cumpram na sua vida. Como Ele sabe que ninguém amadurece sorrindo, então Ele permite a luta, porque é através dela que você vai se aproximar mais de Deus (2ª Coríntios 12, versículos 9/10).

As vitórias, ao invés de nos levar para perto de Deus, nos levam para longe. As vitórias são mais perigosas que as derrotas, sabe por quê? Porque viver uma vida boa, viver uma vida de vitórias faz com que você entre em uma zona de conforto.

E as vezes quando tudo está indo bem, você não sente mais vontade de orar, de buscar, de ler a bíblia, de ir à igreja, mas quando o negócio aperta, a primeira coisa que você faz é dobrar os seus joelhos, ler a bíblia e buscar ao Senhor.

Então os problemas servem para nos aproximar de Deus; Ele não permite os problemas porque te odeia, ou porque não te ama, mas pelo contrário, Ele está permitindo o processo porque Ele quer ver você crescer. Essa é a matemática de Deus, que ser humano nenhum vai entender; só precisa crer.

Mensagem 22

Cuide do seu aprisco

A bíblia diz que o bom pastor deixou 99 ovelhas no aprisco e foi procurar por uma que havia se perdido (Lucas 15, versículos 4/6). Mas o que muita gente não sabe é que aprisco não é lugar de abandono; aprisco significa lugar seguro.

O bom pastor narrado na bíblia não deixou 99 ovelhas à toa por causa de uma que havia se perdido. Ele deixou as 99 em segurança e foi em busca da que tinha desaparecido.

Encontrando a ovelha perdida ele a trouxe de volta para casa e com alegria comemorou com os amigos, comemorou com toda a vizinha (versículo 6).

A pergunta do Espírito Santo para a tua vida é a seguinte: você tem cuidado do seu aprisco? Vale a pena sair em busca da ovelha que se perdeu sem que se tenha um aprisco construído?

O que aprendemos com essa passagem bíblica é que só vale a pena você ir buscar a ovelha que se perdeu, se as demais ovelhas que estiverem sob os seus cuidados permanecerem em um aprisco.

Não é inteligente você sair em busca de uma ovelha perdida sem que as 99 que estão sob a sua responsabilidade tenham um aprisco para que fiquem seguras enquanto você sai para buscar a que se perdeu. É isso que o Espírito santo está querendo que você entenda.

Não queira abraçar o mundo e sair por aí almejando dá uma de pregador, de evangelista, antes de construir o seu aprisco. Como você tem cuidado da sua casa, da sua família? A sua casa é o seu aprisco e sua família as 99 ovelhas.

Existem pessoas, por exemplo, que já me criticaram porque constantemente eu saio com a minha família para uma praia, para um shopping, para um parque, para um aniversário, mas eu entendo que isso é fortalecer o meu aprisco.

É necessário que a gente cuide dos nossos, que agente cuide das pessoas que fazem parte do nosso convívio. Você precisa construir uma base familiar bastante sólida para depois cuidar das demais ovelhas.

Você não deve, em hipótese alguma, deixar sua família fora do aprisco e sair em busca da ovelha que se perdeu (1ª Timóteo 5/8), porque se você agir dessa forma, quando você voltar coma ovelha perdida, as 99 não estarão mais à tua espera; elas se tornarão perdidas, por falta do aprisco que você deixou de construir.

Cuida do teu aprisco. A ovelha que se perdeu precisa de socorro sim, mas você não pode dá o socorro a ovelha que se perdeu, sem primeiro dar assistência as ovelhas que estão sob o seu cuidado, questão no seu aprisco.

Mensagem 23

Pare de colocar a culpa no diabo

Durante muito tempo a igreja fez afirmações que o nosso pior inimigo é o diabo. Mas o Espírito Santo, através desta mensagem, vem te mostrar que o seu pior inimigo não é o diabo; o seu pior inimigo é você mesmo, conforme está escrito em 1ª Timóteo 4/16.

A bíblia diz em Gênesis 4/7, que a natureza pecaminosa que está dentro de nós, tenta todos os dias nos levar para longe de Deus.

Observe que a passagem bíblica acima deixa claro que a nossa carne, ou seja, os nossos desejos pecaminosos são piores do que o diabo, e que somente nós mesmos poderemos dominá-los.

O diabo só pode tocar na nossa vida diante de duas possibilidades:

1) Permissão de Deus. Conforme consta em Jó, capítulo 1, versículos 8/12.

2) legalidade. Consoante se vê em Romanos 6/23.

O diabo foi vencido na cruz do calvário (Hebreus 2/14), por isso a bíblia o trata como um derrotado.

O diabo já foi vencido, mas a carne, que é o nosso desejo pecaminoso, não morreu e não foi vencida. A carne eu tenho que vencê-la todo santo dia. É uma luta das coisas carnais contra as espirituais, conforme está escrito em Gálatas, capítulo 5, versículos 16/26.

É muito fácil a gente expulsar o diabo da nossa vida, através da oração que é feita em nome de Jesus, mas e o nosso desejo carnal? Esse não tem como expulsar através de uma oração.

Os desejos carnais são alimentados todos os dias por nós, através da internet, da televisão, das más companhias, dos nossos pensamentos, etc. A carne não quer morrer na nossa vida. Ela nos conduz aos prazeres saborosos do pecado.

Dentro de nós existem duas naturezas: a carnal e a espiritual. A que você mais alimentar é a que vai prevalecer.

Mas observe que tem muita gente que tudo coloca a culpa no diabo. Tem gente que diz que tudo é demônio. Tem gente que diz: "eu menti porque o diabo me fez mentir"; "eu roubei porque o diabo me fez roubar"; "eu traí porque o diabo me fez trair".

Tem gente que tudo coloca a culpa no diabo, quando na verdade é ela que não tem caráter, não tem domínio próprio. Mas você sabe por quê? Porque demônio se expulsa, mas caráter se trata.

Por isso é mais fácil colocar a culpa nos demônios do que reconhecer que tem que mudar o caráter. É mais fácil espiritualizar aquilo que não é espiritual do que você mudar o teu comportamento para com os outros.

Tem gente que é picareta de nascimento e coloca a culpa no diabo. É mais fácil colocar a culpa no diabo do que reconhecer que é mal caráter. É mais fácil colocar a culpa no diabo do que tratar o seu próprio eu, a sua vida espiritual, o seu caráter.

Você deve conhecer pessoas assim, que vivem o tempo todo dando desculpas, com afirmações de que tudo de ruim que acontece na sua vida é culpa do diabo, mas quando você olha para a vida dela, você sabe que a única culpada é ela mesma, que não muda o seu caráter, nem suas atitudes.

Pare de colocar a culpa no diabo e reconheça que é você quem precisa mudar o seu comportamento, suas atitudes e o seu caráter. Essa é a direção do Espírito Santo para a nossa vida.

Mensagem 24

O fato de você estar ferido não te impede de Deus te usar pra abençoar outras pessoas

Atos 28, versículos 01 ao 10 relata que Paulo depois de passar por um terrível naufrágio foi parar em uma Ilha chamada Malta.

Quando ele chegou à ilha foi muito bem recebido pelos habitantes daquela região, que a bíblia os chama de bárbaros, os quais o trataram com muita empatia.

Em seguida fizeram uma grande fogueira, porque a tripulação havia chegado naquela ilha nadando e estavam com muito frio, até porque o dia estava chuvoso.

Entretanto, quando acenderam a fogueira apareceu uma cobra no meio da madeira e mordeu a mão de Paulo, de modo que ele chacoalhou a cobra e a jogou no meio do fogo.

A partir daí os bárbaros ficaram olhando de longe e disseram: coitado, saiu da tempestade pra morrer picado pela cobra!

Os bárbaros sabiam que havia um histórico naquela ilha de pessoas que morriam com picada de cobra. As cobras que habitavam na região de Malta eram venenosas, por isso os bárbaros ficaram esperando Paulo inchar e, por conseguinte, morrer.

Só que a bíblia diz que o tempo passou e não aconteceu nenhum mal na vida de Paulo e por isso os bárbaros mudaram de opinião e passaram a pensar que ele era um tipo de Deus.

Pois bem. Aqui está se cumprindo uma das promessas de Deus escrita em Marcos 16/18. A cobra mordeu pra que Deus cumprisse a promessa. Estamos diante de um grande livramento de Deus na vida de Paulo.

Existem momentos que Deus vai permitir o ataque para que as promessas se cumpram em nossas vidas.

Observe que Paulo não parou por causa da mordida. No dia seguinte ele foi visitar o pai do administrador da Ilha, que estava enfermo, morrendo de febre.

O pai de Públio estava enfermo há bastante tempo. Paulo foi até ele, colocou as suas mãos sobre a cabeça e o curou da febre.

Quando Paulo orou pelo pai de Públio, a bíblia diz que ele também colocou as mãos sobre a sua cabeça.

Isso é tremendo! Qual foi a parte do corpo de Paulo que a cobra mordeu? A mão. E o que ele usou pra curar a doença do pai de Públio? A mão.

Pois é. A área que Paulo foi um dia mordido pela cobra, ele usou pra curar alguém que estava doente.

Mesmo mordido, mesmo recebendo o ataque da cobra, ele continuou sendo usado por Deus pra curar outra pessoa que estava doente.

Com isso, o Espírito Santo está nos ensinando que o fato de você estar ferido não te impede de Deus te usar pra abençoar outras pessoas.

O fato de você estar machucado não te impede de Deus te usar pra abençoar outras pessoas que estão passando pelo mesmo processo que o seu.

Deus quer usar a tua dor pra curar outras pessoas. Jesus quer usar essa área da tua vida que você foi ferido, pra que o nome Dele seja glorificado na tua vida.

Não pare por causa da picada da cobra. Não fique mais dando desculpas esfarrapadas. Siga o exemplo de Paulo, porque o teu testemunho pode salvar uma vida.

Mensagem 25

Quem se impressiona somente com a aparência vai se decepcionar com o caráter

"Porém o SENHOR disse a Samuel: Não atentes para a sua aparência, nem para a grandeza da sua estatura, porque o SENHOR não vê como vê o homem, pois o homem vê o que está diante dos olhos, porém o SENHOR olha para o coração". (1ª Samuel 16/7).

Essa passagem bíblica relata o momento exato em que Deus orientou Samuel para ir até a casa de Jessé com a finalidade de ungir um de seus filhos como o novo rei de Israel.

Entretanto, antes mesmo de Samuel sair, Deus lhe deu uma direção: para que ele não olhasse para aparência ou para a estatura dos filhos de Jessé.

A bíblia relata que dentre os filhos de Jessé, Davi foi o escolhido, mas deixou claro qual foi o critério que Deus utilizou para fazer essa escolha. E diante desse critério Ele não olhou para aparência e nem para altura. Deus olhou para o coração de Davi.

Quem sabe Samuel estava com a idéia de escolher um homem forte, alto e de boa aparência? Mas Deus deixou claro que Ele não observa nada disso. Ele olha para o coração do ser humano, ou seja, para aquilo que somos.

Essa palavra que Deus está dando para Samuel, nos traz uma reflexão muito profunda: ela revela o caráter de Deus, ou seja, a maneira como Ele faz as coisas.

Davi podia até não ter estatura e nem porte físico de um rei, mas tinha um coração bom e que chamou a atenção de Deus.

Com isso aprendemos que Deus nunca escolhe mediante a aparência e nem a capacidade física. Ele vê a capacidade do coração, porque tem gente que tem tamanho de rei, mas não tem caráter pra ser rei.

Tem gente que tem altura de rei, mas não tem essência para ser rei. Tem gente que tem estética de rei, mas não tem dignidade, nem coragem e nem valentia de rei.

Davi era pequeno em estatura, mas era valoro em espírito. Ele enfrentou um leão e um urso pra salvar as ovelhas de seu pai. Tinha um coração bom.

Atualmente a sociedade moderna está preocupada em saber o que está por fora, mas Deus está preocupado em saber o que tem dentro de cada um de nós, por isso não foque somente a aparência para depois você não se decepcionar com o caráter.

A aparência tem o seu significado importante e faz parte do conjunto, mas entre os valores desse conjunto, o que está por dentro vale muito mais do que o que está por fora.

Até porque tudo o que está por fora vai envelhecer, ficar feio e murchar, mas o que está por dentro vai se manter e será o que você vai carregar pro resto da vida.

Não julgue o livro pela capa. Olhe para o que está por dentro; olhe para o coração, porque se não você vai se decepcionar muitas vezes.

Não haja como Samuel que estava focado na aparência dos filhos de Jessé. Observe o que Deus nos ensinou nesta palavra, quando escolheu Davi como o sucessor do rei Saul. Deus olhou o coração de Davi e é justamente isso que Ele quer que façamos.

Mensagem 26

Marcas do passado

O capítulo 43, versículos 18 e 19, do Livro de Isaias, relatam que o povo de Israel estava triste em virtude de tudo aquilo que estavam vivendo: um passado terrível de amargura e de sofrimento.

Aí Deus apareceu e deu uma promessa e, além de uma promessa, deu também uma esperança, para que eles não ficassem presos ao passado.

Deus estava querendo que Israel vivesse coisas novas porque se ficassem nas antigas não iriam ter perspectiva de vida nova e nem fé para acreditarem nas bênçãos futuras.

Pois é. Tem gente que passa a vida inteira sem conseguir viver algo novo porque fica presa no passado e Deus está dizendo: não vos lembreis das coisas passadas.

Tem gente que não consegue dormir direito por causa do passado; não consegue comer direito por causa do passado; não consegue estudar, não consegue ser feliz na vida sentimental por causa de um trauma amoroso do passado.

O passado foi tão cruel que gerou marcas, mas o problema não são as marcas porque marcas todos nós temos; o problema é quando essas marcas continuam causando dor, de modo que você não vive o presente, por ainda estar presa ao passado, assim como o povo de Israel.

Israel estava vivendo as amarguras das mazelas sofridas no passado, e Deus queria que eles olhassem para o futuro, porque coisas novas viriam.

Então não fique trazendo para a tua mente aquilo que te fez mal lá atrás, porque você jamais vai ser feliz no teu presente enquanto não abandonar as frustrações que viveu no passado.

Coloca os olhos em Jesus porque é através Dele que iremos ter esperança em dias melhores.

Enquanto você não esquecer o que viveu lá atrás, não poderá viver algo novo. Como é que você vai viver o tempo novo de Deus preso nas coisas velhas? Impossível.

Deus não pode preparar algo novo na tua vida se o teu coração está preso nas coisas velhas. Deixa Jesus preparar você pra viver esse novo tempo. Creia nessa Palavra.

Mensagem 27

Não deixe o barco naufragar

73

A vida é semelhante um barco que navega sobre águas profundas. As vezes não compreendemos os motivos dos acontecimentos ruins que estamos enfrentando.

Tudo estava bem; você estava trabalhando e as coisas permaneciam organizadas na tua vida e de repente surgiu uma grande tempestade e esse barco que você levou tanto tempo construindo, de repente, agora vem uma chuva forte e parece que tudo será destruído.

Por que será que isso aconteceu? Será que podemos tomar uma atitude para evitar a catástrofe eminente? Sim, podemos sim. A Palavra de Deus tem uma resposta para quem se encontra nessa situação. Aconteceu com o dono do barco que Jonas pegou em desobediência a Deus.

A bíblia diz no Livro de Jonas capítulo 1, que Deus mandou Jonas para a cidade de Nínive pregar a sua Palavra para aquele povo, mas ele não aceitou a ordem Divina e acabou embarcando para a cidade de Társis.

Por causa da desobediência de Jonas o mar se enfureceu e uma grande tempestade se levantou contra aquela embarcação. O intruso foi o responsável por colocar a vida dos tripulantes em risco.

O dono do barco não tinha culpa de Jonas ter escolhido a sua embarcação para fazer aquela viagem. Os tripulantes daquela embarcação também não tinham culpa de Jonas estar ali no meio deles. Eles não podiam pagar pela desobediência de Jonas.

Você também não tem culpa quando alguém se aproxima de você, da sua casa, da sua família, do seu convívio social. Nem sempre dá para perceber que essa pessoa está em desobediência, assim como o dono daquele barco não sabia nada sobre a vida pessoal de Jonas. Mas você pode tomar a atitude de tirar essa pessoa do seu barco.

Não havia alternativa para aqueles tripulantes a não ser forçar a saída de Jonas do barco, pois era ele quem estava colocando a vida dos outros em risco. E assim foi feito. O jogaram no mar e a tempestade parou (Jonas 1/15).

Eu sei que a atitude que os marinheiros tomaram parece ser uma atitude dura, mas foi necessária, e é justamente isso que o Espírito Santo quer trazer para a tua vida no dia de hoje. **Você precisa agir como o dono desse barco descrito no livro de Jonas.**

Parece ser uma palavra dura e talvez você nem queira entender, porque a bíblia nos orienta a amar o nosso próximo, a amar as outras pessoas. A bíblia nos motiva a dar sempre mais uma chance a alguém, mas existem algumas circunstâncias que infelizmente a pessoa precisa ser tirada do barco.

Existem situações em que você precisa ser mais enérgico e determinar a retirada dessas pessoas rebeldes do teu barco, que simboliza a tua vida. Ore a Deus e peça a direção a Ele para que te dê discernimento e coragem para você chamar essa pessoa e pedir para que ela se retire do seu barco; para que ela volte para o caminho que Deus a colocou.

Andar com rebeldes só vai fazer com que o teu barco afunde. Não corra mais risco. Observe que o dono daquele barco precisou tomar uma atitude drástica, mas necessária para salvar não só a sua vida, mas a de todos os tripulantes daquela embarcação.

Não se preocupe porque quando você pedir para essa pessoa partir, você não estará fazendo mal a ela; pelo contrário, você estará fazendo o bem para a vida dela; você estará dando a essa pessoa uma oportunidade de voltar para o caminho que Deus preparou para ela, assim como Jonas.

Não deixe o barco naufragar.

Mensagem 28

O jeitinho brasileiro

A bíblia relata em Gênesis, a partir do capítulo 16, a precipitação de Sara. Diz o texto sagrado que Deus havia prometido a Abraão que curaria a infertilidade de Sara, sua esposa, e esta lhe daria um filho, Isaque.

Entretanto, Sara não aguentou esperar a promessa de Deus se cumprir e resolveu dar um jeitinho para acelerar o propósito: exigiu que seu esposo se relacionasse sexualmente com sua empregada Agar e quando a empregada ficasse grávida o filho seria tomado para si.

Abraão caiu na conversa fiada de Sara e se submeteu a proposta indecente e foi aí que nasceu Ismael, que lá a frente foi rejeitado pela mesma Sara, o qual se tornou o pai dos palestinos.

Por causa desse jeitinho de Sara, o mundo vive até os dias atuais uma das maiores guerras entre os dois irmãos Isaque e Ismael (judeus e palestinos).

Hoje em dia a história se repete. O brasileiro é especialista em querer dar um jeitinho pra todas as coisas.

Por isso o Espírito Santo te adverte: cuidado pra você não agir igual a Sara e não entrar em caminhos errados; em caminhos que vão te afundar e te levar pra longe de Deus.

É melhor esperar o tempo certo; esperar Deus fazer, porque se Ele não fez ainda é porque não chegou o tempo.

Deus não precisa da tua ajuda. Quando Ele quer fazer Ele faz. E quem tentar impedir o que Ele tem pra fazer, acabará colaborando para o teu propósito. Ele disse isso: operando eu quem impedirá? (Isaias 43/13).

Por isso, descansa o teu coração e se submeta à vontade de Deus. Pare de querer fazer as coisas do teu jeito. Pare de criar atalhos. Com Deus não existem atalhos. Tudo acontece no tempo Dele.

Como é que a benção de Deus vai chegar até a tua vida se você está entrando em caminhos tortuosos, em ambientes errados, compactuando com gente que não edifica? Não tem como.

Permaneça na obediência, porque só assim as bênçãos de Deus vão te alcançar. É o que está escrito em Deuteronômio 28.

Esse papo de querer dar um jeitinho para as coisas acontecerem vem do diabo. O diabo fica querendo nos apresentar aquilo que é fácil. O diabo gosta de trabalhar com um jeitinho. Ele diz: "vou dar um jeitinho pra você receber isso", "um jeitinho pra te colocar naquele emprego", mas tudo não passa de ciladas pra te atingir.

O diabo vai te oferecer o que é fácil para tentar te tirar do foco. Pra tentar desvirtuar você do plano original que Deus te colocou.

Por isso, não fique tentando arrumar uma maneira mais fácil para as coisas acontecerem. Submeta-se à vontade de Deus e você verá o quanto valerá a pena.

Mensagem 29

O telefone sem fio

Precisamos tomar muito cuidado com as coisas que falamos e principalmente com quem falamos as coisas. Você fala e as pessoas entendem as coisas completamente diferentes da maneira que você falou.

É muito comum, hoje em dia, as pessoas ouvirem uma conversa e saírem dizendo que ouviram outra. A vida tem dessas coisas. Tome muito cuidado.

Parece que o diabo colocou um filtro maligno no ouvido das pessoas e essas pessoas têm entendido de uma forma completamente distorcida as coisas que a gente fala. E aí surge o telefone sem fio; o disse me disse.

A bíblia diz em Mateus 16, a partir do versículo 13, que <u>Jesus perguntou aos seus discípulos</u>: "que diz o povo ser o Filho do Homem? E alguns disseram João Batista; outros disseram Elias; outros disseram Jeremias ou alguns dos profetas".

Ora meu amigo e minha amiga! Se em relação a Jesus a multidão tinha essa diversidade de opinião; se em relação a Jesus as pessoas ouviam a palavra e saiam entendendo e divulgando tudo errado, que dirá comigo e com você?

É importante ressaltar, que as vezes nem são pessoas maldosas, mas são indivíduos que ainda não entenderam que para sair falando, primeiro é necessário sentar para aprender a ouvir.

Às vezes até as pessoas têm entendido de uma forma distorcida a própria Palavra de Deus, como consta na parábola do semeador em Mateus 13. Ali diz que um dia o semeador saiu a semear e algumas pessoas entenderam tudo errado, porque a palavra caiu à beira do caminho, caiu entre os espinhos e sobre as pedras.

Veja que a mesma Palavra foi pregada para três tipos de pessoas, mas cada uma entendeu de uma forma diferente e a divulgou de maneira distinta. Virou um telefone sem fio dentro da igreja.

Talvez você tenha sido vítima de um telefone sem fio. Talvez você tenha sido vítima de alguém que tenha ouvido algo que saiu de sua boca e entendeu tudo errado e essa pessoa saiu divulgando tudo tortuoso e esculhambou com a vida de muita gente.

A bíblia diz em provérbios 10/19, que "o muito falar traz as transgressões, mas aquele que refreia a sua língua é sábio". Ouça mais e fale menos; evite o mal-entendido. Evite o telefone sem fio. Quando alguém vier lhe contar a sua história, escute o que as duas partes têm a dizer e não tome partido de ninguém.

Cuidado com o telefone sem fio; cuidado com o que você fala e principalmente com o que você ouve. Esse é o recado do Espírito Santo para a tua vida.

Mensagem 30

Qual o propósito da tua existência?

Eu inicio essa mensagem fazendo algumas perguntas: qual é a sua missão? Pra quê Deus te fez? Qual é o propósito da tua existência?

Todos nós temos uma missão. Ninguém nasce sem propósito. (Jeremias 1/5), mas você sabe qual é a sua missão? Algumas pessoas conseguem descobrir ainda na sua juventude e outras, só descobrem ao longo da vida; enquanto que a maioria ainda está tentando descobrir.

É importante você descobrir qual é a sua missão porque é justamente o teu propósito que vai dar sentido à vida. Você só vai entender o sentido da vida quando descobrir qual é a sua missão e o que você veio fazer neste mundo. A missão te dá sentido na vida.

A bíblia diz em Romanos 08, a partir do verso 35, que o Apóstolo Paulo entendeu que a missão dele em transmitir o amor de Jesus era mais forte do que a própria vida. Por isso você precisa descobrir qual é a sua missão aqui nesta terra.

Entretanto, você só vai descobrir quando se aproximar mais de Deus, porque longe de Jesus você não vai entender aquilo que Ele tem preparado para você.

Quanto mais perto de Deus, mais você entenderá os segredos que Ele tem pra você. Quanto mais juntinho Dele, mais intimidade você terá. Quanto mais você se aproximar de Jesus, mais próximo você estará dos seus propósitos.

Quando você entender qual a sua missão, as coisas na sua vida vão se tornar mais leves. Sua vida será melhor e você será uma pessoa realizada, em todos os sentidos.

Por exemplo: tem gente que está como servente de pedreiro, mas Deus o chamou para ser empresário. Aí o tempo passa e ele sente um peso naquilo que faz porque não foi chamado para isso.

Da mesma forma, tem gente que foi chamado para ser enfermeiro, mas está insistindo em ser professor. Aí o tempo passa e ele sente um peso na profissão porque não foi chamado para isso, ou seja, não entendeu qual é o propósito dele.

São pequenos exemplos que servem para abrir os olhos de quem ainda não conseguiu entender qual é a sua missão nessa terra. Todos nós temos uma missão. Ninguém nasce por acaso. Você não caiu de pára-quedas na tua família. Tudo tem um propósito.

Procure saber qual é a sua missão, porque a sua missão é uma das coisas mais importantes que você vai encontrar nessa vida. E uma vez encontrando o seu propósito, você vai encontrar o sentido da vida.

Mensagem 31

O divórcio e o novo casamento

"...A vossa aliança com a morte será anulada e o vosso acordo com o inferno não subsistirá...". (Isaias 28/18)

A maioria das pessoas, ao ler esse versículo bíblico, não entende nada <u>e logo começa a questionar</u>: como assim, temos uma aliança com a morte? Como assim, temos um acordo com o inferno?

Ora meu amigo e minha amiga, a bíblia não é um conto de fadas; ela é a Palavra de Deus e como tal, tem sentido e significado, basta apenas você ao invés de ler, meditar no que está escrito que logo o Espírito Santo vai te revelar o que Deus está falando.

Essa passagem bíblica fala sobre a anulação de uma aliança que existe entre a pessoa e a morte e também acerca da quebra de contrato entre a pessoa e o inferno.

<u>**Logo, a inteligência nos leva a pensar:**</u> Ora, se existe a possibilidade de haver a anulação do pacto entre a pessoa e a morte, então é porque há uma aliança firmada entre ambos. Se Deus afirma que é possível desfazer o contrato com o inferno, é porque existe um acordo firmado entre ambas as partes. É a lógica da questão.

Em resumo, essa Palavra fala sobre o divórcio e o novo casamento espiritual. É justamente sobre isso que irei repassar ao amigo leitor, a revelação do Espírito Santo contida nesse verso bíblico.

Pois bem. Desde os tempos de Adão e Eva, lá nos princípios bíblicos, até os dias atuais, o ser humano tem rompido sua aliança com o Criador e tem vivido de acordo com a sua própria vontade.

Só pelo fato de Deus ter constituído ao ser humano o livre arbítrio, ele o usa para o mal e como consequência, sofre cotidianamente em face de suas escolhas erradas. Compromisso com Deus poucos têm, por esse motivo o mundo está de ponta cabeça.

Mas o que o Espírito Santo nos revela através da passagem de Isaias 28/18 é que na prática, a maioria do ser humano, por estar afastada de Deus, tem uma aliança com a morte e um acordo com o inferno.

Note que o versículo bíblico diz que essa aliança com a morte será anulada e o acordo com inferno não prevalecerá. Mas isso só poderá ocorrer se o amigo se divorciar do mal e do pecado.

Quando o ser humano não tem compromisso com Deus e vive do seu jeito, achando que a vida se limita a esta terra, logo a fé inteligente nos assegura que esse indivíduo tem um casamento com o diabo e, por conseguinte, com a morte eterna.

Somos almas viventes e o nosso corpo é apenas o guardião temporário da alma; quando acabar o seu prazo de validade haverá o descolamento da alma e ela seguirá para um outro plano espiritual: <u>morte eterna ou vida eterna.</u>

A bíblia também diz que a alma não morre. Ela será conduzida para o Seio de Abraão ou para o lago de fogo, quando se descolar do corpo. O destino da alma vai depender com quem a pessoa está casada espiritualmente nessa vida.

Se a pessoa está vivendo a vida ao seu bel prazer, logo essa pessoa está casada com o diabo e não poderá se matrimoniar com Deus, sem antes se divorciar do mal.

No campo espiritual não existe bigamia. Para se casar com Deus é necessário se divorciar do mal; daí a garantia descrita em Isaias 28/18.

Se você se divorciar do mal, das coisas do mundo, do pecado, a vossa aliança com a morte será anulada e o vosso acordo com o inferno não subsistirá e, por conseguinte, estarás apto a se casar com Deus. **Essa é a revelação de Isaias 28/18.**

Por isso meu amigo e minha amiga, quero frisar mais uma vez acerca da necessidade de você, no dia que se chama hoje, dar entrada no seu requerimento de divórcio com o mal e com o pecado, para que estejais livre e desimpedido para se casar com Deus, através da aliança que Ele firmou para todos que aceitarem o Senhor Jesus como o Seu Único e Fiel Salvador (João 14/6).

No matrimônio com Deus não tem meio termo, nem atravessador ou mediador, é tudo ou nada. É vida por vida. É necessário assumir publicamente a fé no Senhor Jesus para que o diabo e seus cônjuges possam ver que você agora é o novo nubente do reino de Deus.

Você precisa se divorciar oficialmente do mal e do pecado para se casar com Deus. O edital de proclamas tem que ter publicidade, porque do contrário esse casamento com Deus não terá validade nenhuma. Serão só palavras vazias de um religioso qualquer.

Mensagem 32

Não deixe o pecado tirar a essência de Deus da tua vida

Assim como a mosca morta faz exalar o mal cheiro e inutilizar o unguento do perfumador, assim é para o famoso em sabedoria e em honra um pouco de estultícia (Eclesiastes 10/1).

Essa comparação que Salomão fez tem todo o sentido, porque quando uma mosca morta entra no perfume já era, perde-se a essência e não serve pra nada.

Por isso os perfumistas daquela época pegavam uma tampa e fechavam o recipiente para que a mosca morta não tirasse a essência do perfume.

É tão tremenda essa reflexão, porque é dessa maneira que o diabo age. O diabo é feito uma mosca que fica o tempo todo só procurando uma brecha pra entrar na nossa vida.

É intenção do diabo contaminar o teu perfume, manchar a tua vida espiritual e fazer você pecar contra o teu Senhor.

As moscas entram quando a tampa do recipiente está aberta. Por isso a direção de Deus para a tua vida no dia de hoje é para fechar as brechas para a mosca não entrar.

Quem sabe você está reclamando dos ventos que estão soprando, mas é justamente você que está deixando a janela aberta!

Está na hora de você fechar essa brecha dentro da tua casa. Essas amizades, essas liberdades que você está dando, vão dar legalidade a mosca para tirar o teu perfume, manchar a tua essência e destruir a tua família.

Está na hora de você tampar essa brecha no teu casamento. Está na hora de você fechar essa brecha com o teu filho. Está na hora de você fechar essa brecha no teu trabalho, pra que as moscas não encontrem legalidade para entrar na tua vida.

O diabo só entra quando tem brecha. O diabo só pode tocar em você por dois motivos: permissão de Deus ou legalidade.

Você precisa ver qual a área da tua vida em que você está dando brechas. Porque se você perder a essência nunca mais será o mesmo.

Preserva atua essência, o teu caráter, o teu coração pra que o teu inimigo não entre e não roube aquilo que Deu colocou aí dentro.

Não deixe o pecado tirar a essência de Deus da tua vida. Não dê legalidade para que o diabo entre na tua vida, porque o cheiro do pecado atrai moscas.

Nunca será do teu jeito

A bíblia relata no evangelho de Marcos capítulo 7, versículos 31/37, que Jesus estava pregando a Palavra de Deus na cidade de Decápolis, quando lhe trouxeram um rapaz que era surdo e gago para ser curado.

Jesus recebeu aquele homem com muito carinho e o tirou do meio da multidão e o levou para um lugar reservado, para que pudesse realizar o trabalho espiritual de libertação.

A multidão estava pedindo para que Jesus tocasse com as mãos sobre a vida do surdo e fizesse o milagre (versículo 32). Entretanto Jesus afastou o rapaz do meio da aglomeração e colocou apenas os dedos sobre os ouvidos do rapaz (versículo 33).

Observe que a multidão queria que Jesus colocasse as mãos, só que Jesus colocou apenas os dedos. Por que Jesus não ouviu a multidão? Por que Jesus não fez de acordo com a voz da maioria?

Por que com isso Jesus está mostrando que nunca vai ser da forma que a multidão quer. Sempre será da forma e do jeito que Deus deseja fazer.

Deus nunca vai fazer da forma como você quer. Ele sempre tem um propósito estabelecido para todas as coisas. Não é do jeito que eu quero, da forma que eu quero, da maneira que eu quero. É do jeito que Ele quer, da maneira que Ele quer fazer.

Se você ficar achando que Jesus vai fazer da forma que você quer, você sempre vai se frustrar, porque nem sempre Ele vai realizar as tuas vontades. Ele vai fazer do jeito e da forma que Ele estabeleceu, porque Ele é Deus e nós somos meras criaturas.

Se você está achando que o teu milagre vai acontecer do teu jeito e no teu tempo, o Espírito Santo está mostrando que você está completamente enganado, porque Deus trabalha do jeito Dele e no tempo Dele. A matemática de Deus é diferente da nossa.

A multidão queria que Jesus colocasse as mãos sobre o surdo, mas Jesus colocou apenas os dedos, mostrando para todos nós que Ele sempre estará no controle de todas as coisas.

Ele não vai usar a tua razão pra fazer um milagre, porque Ele não precisa da tua razão pra operar.

A tua razão não serve de nada pra Ele. Deus faz da forma como quer, da maneira como quer. Então esqueça os teus cálculos, esqueça as tuas metas, esqueça a lógica, porque Deus não depende daquilo que é físico pra realizar milagres.

Fica esperto porque surpresas extraordinárias vêm por aí!

Mensagem 34

Sei que minhas qualidades cobrem meus defeitos

A bíblia relata em Juízes capítulo 11 um fato muito interessante e ao mesmo tempo repudiante: a discriminação de um rapaz pelo simples fato de ele ser filho de uma prostituta.

Diz o texto sagrado que Jefté nasceu de um relacionamento extraconjugal. Seu pai se chamava Gileade e sua mãe era uma prostituta e por causa disso foi desprezado e expulso de casa pelos próprios irmãos de sangue.

A bíblia diz ainda, que ele era valente e valoroso (versículo 01) e mesmo assim deixaram de apreciar suas qualidades e preferiram descriminá-lo pelo fato de ser filho de uma prostituta.

Tem pessoas que são especialistas em procurar defeitos nos outros e se esquecem de olhar as qualidades. Observe que o simples fato de Jefté ter nascido de uma prostituta não seria motivo algum para que isso fosse considerado um defeito.

Deus não nos julga pelo nosso nascimento. Você pode ser filho de quem quer que seja; você pode ter estudo ou não, ter dinheiro ou não, ter a etnia que for; Deus não quer saber disso. Ele nos ama independente de qualquer coisa.

As pessoas é que tem o costume de colocar rótulos em nós, Deus não. Independente do estado ou das circunstâncias que vivemos Jesus não muda o sentimento que tem por nós.

Observe que a bíblia deixa claro que Jefté era um homem valente e valoroso, porém, filho de uma prostituta. Então quer dizer que o simples fato de ele ser filho de uma prostituta anulou o fato de ele ser valoroso? Lógico que não.

Veja como o mundo é. Preferiram julgar o fato de ele ser filho de uma prostituta do que apreciar o fato de ele ser valente e valoroso.

As pessoas possuem prazer em julgar o outro pelos erros ou pelas partes que elas acham ser negativas e se esquecem de apreciar as qualidades. Esquecem das virtudes e apontam os defeitos.

Existem muitas pessoas que têm uma mentalidade errada. Todo ser humano tem suas falhas. A questão é que a gente precisa aprender a mudar a nossa ótica e passar a enxergar as virtudes, e fazer com que as qualidades de alguém sobressaiam sobre os seus defeitos.

O problema daquele pessoal é que começaram a apontar o passado do cara. O julgaram, invés de apreciar as virtudes que ele tinha.

Às vezes o tempo que você perde apontando os erros de alguém é o tempo que poderia estar apreciando as qualidades desse alguém.

Pare de pisar nos defeitos dos outros. Aprecie as pessoas da forma como elas são, independente de virtudes ou defeitos.

Qual culpa Jefté tinha de ser filho de uma prostituta? Nenhuma. Mas o povo preferiu enxergar isso como sendo um defeito e o condenaram por uma coisa que ele não fez.

Alguém rotulou Jefté por causa de seu passado. O diabo gosta de fazer isso. O diabo gosta de acusar o nosso passado. Ele gosta de ficar apontando os nossos erros.

A intenção do diabo é apontar o nosso passado para tentar comprometer o nosso presente. Só que sempre quando o diabo tentar apontar pra você o teu passado aponte pra ele o futuro dele (Romanos 16/20).

Não cometa os mesmos erros dos irmãos de Jefté. Pare de ficar somente enxergando os defeitos dos outros. Aprenda a lição que o Espírito Santo está trazendo no dia de hoje.

Não case com alguém só por causa da beleza, da formosura ou da aparência

Gênesis 24, a partir do versículo 01, mostra uma história muito interessante: a forma como se deu o início do relacionamento entre Isaque e Rebeca.

Essa passagem bíblica detalha a forma como Abraão se preocupou com a vida sentimental do seu filho Isaque, para que ele se casasse com uma mulher que professasse a mesma fé que a dele.

Abraão orientou seu filho a não se casar com uma mulher Cananéia, ou seja, que professasse uma fé diferente da sua, pois essa escolha teria efeito substancial na sua vida conjugal. Foi quando surgiu Rebeca em seu caminho e os dois se casaram, sob a orientação de Deus.

Vivemos em um tempo em que as pessoas querem casar simplesmente por casar. As pessoas se atentam somente pela aparência e dizem: "vou casar com ela porque ela é linda". "Vou casar com ele porque ele é um gato".

Aparência e formosura não sustentam casamento de ninguém. É correto você se casar com uma pessoa que esteja debaixo dos princípios que você tem. Princípios norteados pela direção de Deus.

Então não é casar com alguém por causa da beleza, da formosura ou da estética. Você deve se relacionar com uma pessoa que tem os mesmos princípios que o seu; que professa a mesma fé que a sua, porque senão vai dá problema lá na frente.

O problema dessa geração é que muitos vivem como Isaque, mas querem casar com uma Dalila. Vivem como Rebeca, mas querem casar com um Caim. Isso nunca irá dar certo, porque as cabeças são diferentes.

Não caia no engano de se relacionar sentimentalmente com uma pessoa que professa uma fé diferente da sua. Vai dá errado. Lá na frente você vai pagar o preço, vai entrar em jugo desigual, vai gemer. Cananeu e hebreu pensam diferentes. Siga o exemplo de Isaque.

Imagine só você sendo um cristão e resolve erroneamente se casar com uma mulher macumbeira, espírita? Você adorando ao Senhor e ela cultuando Baal, isso vai dar certo? Lógico que não! Domingo você vai para a igreja e ela vai para o terreiro de macumba, para o centro espírita, isso vai dar certo? Claro que não.

Use a inteligência. Não cometa esse erro. Olhe o que o Espírito Santo está te ensinando. Não case com alguém só por causa da aparência. Fique atento aos valores, caráter e princípios que a tua pretendente tem.

Entretanto, se você já entrou em um namoro ou noivado, fique atento aos sinais. Pessoas que não têm valores, caráter e princípios, mostram sinais. Se você está vendo que o cara é cananeu, que a mente dela é diferente da sua, caia fora enquanto há tempo.

<u>Perceba outro detalhe nessa passagem bíblica:</u> não foi Isaque que correu atrás de Rebeca. A bíblia diz que foi Rebeca que foi até Isaque. Deus que enviou Rebeca até Isaque (versículos 61/67). Antes de a gente abrir a boca para pedir qualquer coisa, Deus já sabe das nossas necessidades.

Quando você está em obediência ao Senhor; quando você preserva uma vida de princípios; quando você se guarda diante de Deus, você não precisa correr atrás da benção, é a benção que vai correr atrás de você.

Deixe do seu desespero. A tua ansiedade em se relacionar com qualquer pessoa vai te trazer uma bomba gigante. Aquieta o teu coração. Espera em Deus. Quem anda em obediência não corre atrás da benção, Rebeca vem até você. Fique atento ao que Deus está te mostrando.

Mensagem 36

O cristão que machuca os outros

A bíblia diz que Pedro andou três anos e meio com Jesus e mesmo assim não se converteu. Em determinado momento, quando os soldados vieram efetuar a prisão de Jesus, no Jardim do Getsêmani, Pedro sacou a sua espada e <u>feriu</u> a orelha do soldado Malco (João 18/10).

Pedro, mesmo andando com Jesus durante três anos e meio, assistindo os milagres e os sinais se manifestando, mas mesmo assim estava cortando a orelha dos outros. A escritura sagrada diz que Pedro caminhou com Jesus, mas estava machucando os outros. Essa narrativa você pode conferir no evangelho de João, capitulo 18.

Hoje em dia a história não mudou. Muitas pessoas que estão na igreja e que dizem que andam com Jesus, mas estão ferindo os outros.

Gente que diz ter se convertido a fé em cristo e que é batizada com o Espírito Santo, mas está ferindo os outros. Gente que diz que se converteu a Jesus, mas está tirando a espada para machucar os outros. Pessoas que estão sendo feridas por gente que diz que representa Cristo. Isso é lamentável, mas é real!

É por isso que vemos esse crescimento incontrolável de frustração na igreja. Muitos que se desviam da igreja por causa de pessoas que dizem amar a Jesus, mas que estão ferindo outras pessoas. Esse é o maior sinal de que elas ainda não se converteram de verdade, assim como Pedro, naquela ocasião.

A natureza que declina para a carne fere os outros, machuca os outros, trabalha com ódio e com vingança. Pedro ainda não havia se convertido à fé, por isso agiu daquela forma, ferindo os outros.

Ele tirou a espada e cortou a orelha de Malco, mas na mesma hora foi repreendido por Jesus (versículo 11). Essa foi a maior demonstração que ele ainda não havia se convertido ao evangelho, porque ainda estava ferindo os outros.

Se você ainda tem a mesma natureza de Pedro, ou seja, está na igreja, se diz cristã, evangélica ou católica, mas ainda está machucando os outros, esse é o sinal de que você não entendeu nada do evangelho de Cristo. Esse é o maior sinal de que você precisa se converter urgentemente.

Não adianta ir à igreja e fazer tudo errado. Essa é a direção do Espírito Santo para todos nós. Pedro andava com Jesus, mas fazia tudo errado; machucava os outros. Desperta o teu coração para esta palavra!

Isso nos mostra que é possível alguém caminhar com Jesus e não se converter. É possível alguém vivenciar os milagres de Jesus e não ser transformado. Veja a história de Judas que traiu Jesus. Ele caminhou com Jesus, comeu com Jesus, e mesmo assim não se converteu. Judas traiu Jesus, mesmo Jesus mostrando amor, durante o processo da traição, chamando-o de amigo.

O fato de a pessoa andar com Jesus não significa que vai ter a decisão de se converter à fé. Você pode ver toda bondade, todos os sinais, toda manifestação de Deus e ao mesmo tempo ter o desejo de não se converter; de não querer viver aquilo que Jesus está estabelecendo para você.

É o livre arbítrio que Ele te dá; o direito de escolha, a decisão que você tem entre querer a luz ou querer as trevas.

Quando você anda com Jesus, mas não se converte ao evangelho, você fere os outros. Tem muita gente que passa a maior parte do tempo usando a espada para cortar e para ferir os outros, porque ainda não se converteu a fé em Jesus; porque não entendeu o evangelho de Jesus. Foi o que Pedro fez com o soldado.

Pare de machucar os outros. Pare de ferir o teu próximo com palavras que você sabe que são erradas, com atitudes que escandalizam o corpo da igreja e principalmente aqueles que te conhecem. Isso não é atitude de cristão. É isso que o Espírito Santo está te mostrando no dia de hoje.

Há estações próprias para a nossa vida

Salmos 1, versículos 1/3: **"Bem-aventurado é aquele que não anda no caminho dos ímpios e nem se assenta na roda dos escarnecedores. Antes, o seu prazer é meditar na Palavra de Deus de dia e de noite. Porque será como a árvore plantada junto a ribeiro de águas e dará seu fruto na estação própria e tudo o que fizer prosperará".**

O Espírito Santo nos ensina, através dessa passagem bíblica acima, que há estações próprias para a nossa vida. Tem dias que a gente quer a estação das flores, mas a agente está no tempo de inverno. Tem dias que a gente quer a estação dos frutos, mas a agente está na época de ver as folhas caindo, os ventos soprando.

Talvez você não esteja entendendo a estação em que você está vivendo, mas o Espírito Santo está te mostrando que você precisa entender o tempo certo das coisas. Você precisa entender que nem sempre é tempo de sorrir; nem sempre é tempo de se alegar. Tem dias que é tempo de choro.

Talvez você esteja vivendo o tempo de choro, mas Deus quer que você entenda que por mais que você não esteja na estação de frutificar, o salmista diz assim: pois será como a árvore plantada junto a ribeiro de águas.

Sabe por que você ainda está de pé? Porque você está plantado. O Senhor Jesus só quer que você se lembre disso: você não está solto, você está plantado Nele. As águas do Espírito têm te regado todos os dias e é por isso que está chegando uma estação diferente para tua vida.

Estações passam, você sabe disso. Talvez você esteja no inverno, que está quase te matando, tirando a tua paz, mas saiba que esse frio vai passar; vai chegar a hora de você ver flores e frutos germinando na tua vida. Essa é a garantia da Palavra do Salmo primeiro.

Por isso, você está proibido de parar. A raiva do diabo é justamente saber que você está plantado à beira do ribeiro. Por isso ele coloca pensamentos de desistência; pensamentos de dúvidas. Não dê ouvidos à voz do opressor.

Todas as vezes que as adversidades vierem te sufocar, diga: "essa fase vai passar, esse momento não vai permanecer para sempre, tem uma nova estação chegando". É a fé que vai te dá forças para resistir.

Quando a estação própria chegar, que é a estação que Deus determinou para você viver o novo tempo saiba que ninguém conseguirá atrapalhar o que Deus tem reservado para a tua vida.

O Senhor Jesus quer fazer uma coisa nova através de você e em você, mas tudo o que você precisa hoje é não desistir. Você está proibido de parar. Você vai estar vivo para viver o novo tempo que Deu preparou para você.

Mensagem 38

Seja autêntico

Um dos maiores erros que muita gente comete é tentar agradar todo mundo. A maioria dos casos de depressão é oriunda de decepções e desilusões desse tipo.

A perda da autenticidade pode trazer sérios problemas psíquicos para o ser humano, por isso, não tente agradar todo mundo, porque você nunca vai conseguir essa façanha.

Toda vez que você ficar sempre preocupada com a expectativa da maneira como as pessoas pensam, acham, ou vão falar a seu respeito, você vai se anular a ponto de não conseguir mostrar a sua identidade, aquilo que você é.

Na maioria das vezes que você tentar fazer isso, você vai se decepcionar, se frustrar e não vai conseguir agradar a maioria.

Então simplesmente faça aquilo que você nasceu pra fazer. Faça aquilo que você sabe que deve ser feito e não porque alguém ache que você deve fazer.

Não procure saber a opinião das pessoas; simplesmente seja você mesma. Se você insistir em agradar um determinado grupo de pessoas, vai acabar perdendo a credibilidade com outras que amam o seu jeito de ser, que te respeitam por aquilo que você é.

Quando você muda pra tentar agradar uns, você sempre vai deixar a sua decepção pra outros. Então simplesmente faça aquilo que deve ser feito, seja autêntico.

Observe que nem Jesus agradou a todos; você conhece a história. Jesus veio ao mundo fazer somente o que era bom para a humanidade, mas mesmo assim não agradou a todos. Preferiram um criminoso chamado Barrabás, ao invés do filho de Deus (Mateus 27). A vida é assim.

Esse é o maior exemplo que poderíamos tirar da bíblia: o filho de Deus que só fez o que era bom e mesmo assim não agradou a todos. Então você acha que contigo será diferente? Claro que não.

Vai ser um fracasso se você tentar agradar todo mundo, você vai se ferir, se anular e se decepcionar. Não viva em função do outro, seja você mesma.

Você nasceu com um propósito e os posicionamentos que você tem que tomar vai agradar muita gente e também vai desagradar outro tanto de gente; então não se preocupe com aqueles que te criticam ou que te invejam.

Não se preocupe com as críticas; abrace com aquilo que é verdadeiro, justo e correto, porque no tempo certo as coisas vão começar a progredir, crescer e dar certo na tua vida.

Mensagem 39

Joga Jonas pra fora do teu barco

A bíblia nos mostra, no livro de Jonas, uma história inusitada. Um homem que fugiu da presença de Deus e que causou um reboliço na vida dos outros.

Deus mandou Jonas ir para um lugar, mas ele não obedeceu à ordem divina e foi para outro, causando uma tremenda tragédia na embarcação dos outros.

Os marinheiros deixaram Jonas entrar no barco e depois que ele entrou apareceu uma tempestade, de modo que o barco quase naufragou e no final, foi que as pessoas vieram questionar por que Jonas estava naquela embarcação.

Todo motivo daquela tempestade era por causa de um desobediente que estava dentro do navio. Por isso não deixa Jonas dentro do teu barco, porque é ele que está provocando essa tempestade na tua vida.

Cuidado com gente que está entrando na tua vida e que está trazendo tempestade pra você. Você não sabe quem é essa pessoa. Você não sabe se ela está fugindo de Deus. Você não sabe o que ela está carregando na vida dela.

Tem muita gente que está fugindo da direção de Deus e está trazendo tempestades. Cuidado, porque se você levar Jonas pra dentro do teu barco, ele não virá sozinho, a tempestade virá com ele; os problemas virão com ele também.

Joga Jonas no mar. Não deixa Jonas sobre a sua vida, porque ele está em desobediência. Ele Conhece a voz de Deus, mas quer caminhar pra longe do caminho do Senhor.

Tira esse desobediente da tua vida. Às vezes é por causa dessa desobediência que existem certas tempestades que você está passando. Ouça o alerta do Espírito Santo.

Observe que a bíblia diz que Jonas estava deitado, dormindo no porão (capítulo 1, versículo 5). Veja só: quem estava provocando a tempestade, estava dormindo, e aqueles que não tinham nada a ver com isso ficaram aflitos, por causa do cenário de tempestade que eles estavam vivendo.

Quem está provocando esse reboliço na tua vida, está pouco preocupado com o que você está vivendo, porque ele sabe que é ele a causa disso tudo. Por isso existem certas pessoas que você não pode levar pro teu barco.

Por mais que você queira ajudar certas pessoas, você deve tomar muito cuidado, porque são elas que estão trazendo tempestades para a tua vida, porque estão fugindo da direção de Deus, igualmente a Jonas.

Se tiver um Jonas dentro do teu barco, lança ele no mar. Te livra dele o mais depressa possível. Não leve pra tua vida gente que está fugindo da direção de Deus, porque é justamente esse tipo de pessoa que vai trazer tempestades pra tua vida.

Mensagem 40

O coração sensível

Na verdade, nós não temos blindado o nosso coração como deveríamos e por isso as setas que o diabo lança têm nos alcançado diariamente.

Em Provérbios 4/23, a bíblia diz que "sobre tudo o que se deve guardar guarda o teu coração, porque dele procedem as fontes da vida".

Muita gente não tem blindado o seu coração; não tem vigiado, e por isso são alcançadas pelas setas do inimigo e isso tem resultado diretamente na sua inconstância.

Você precisa blindar o seu coração; você precisar guardar o seu coração. Você não pode deixar que essas setas, essas ciladas, esses dados inflamados atinjam o teu coração.

Às vezes uma simples palavra que alguém lança te desanima; um olhar estranho que alguém direciona a você já faz a tua fé esmorecer.

Você não pode esmorecer na fé; você não pode desanimar dos projetos. O teu inimigo é tão estatuto, tão sagaz, que ele sabe que se você permanecer caminhando você será uma arma imbatível, que ele não poderá deter.

Então ele decidiu te parar, sabe como? Ele percebeu que você é um alvo fácil, porque justamente o teu coração está desprotegido. Ele tem percebido que você é uma pessoa muito sensível e por isso está tendo acesso aos teus sentimentos.

Em efésios capítulo 6, a partir do versículo 10, o Espírito Santo nos orienta a nos revestirmos de toda armadura de Deus para que possamos permanecer firmes e resistir as armadilhas e os dardos inflamáveis do diabo.

O diabo tem ciladas muito astutas; ele não é qualquer adversário. Ele conhece as tuas fraquezas, ele sabe o que te irrita, o que te magoa, o que te entristece e o que te faz chorar, e por isso vai trabalhar justamente nessas áreas desfalcadas.

Você já percebeu que é na mesma área que o diabo luta contra você? Você já percebeu que ele usa as mesmas estratégias? Será que você não está se atentando para isso? Se ligue e feche as brechas.

Deus está te convidando a guardar o teu coração, a se blindar dessas lutas, dessas flechas que vêm contra você. Deus está te convidando a se colocar de pé e tomar a armadura de Deus para que você possa estar firme, resistente; para que você possa prevalecer nessa guerra interior.

Deus tem uma caminhada longa para você. O que Ele tem para a tua vida não é passageiro. Jesus não quer que você comece bem e termine mal; pelo contrário, Ele tem uma vida plena, uma vida abundante, e é por isso que o Espírito Santo está te alertando nesse sentido. Guarda o teu coração e deixa de ser sensível.

Se o teu coração estiver guardado, podem falar mal de você, podem te criticar, olhar de cara feia; podem falar o que quiser que não vai adiantar nada. Se você estiver guardado em Deus e revestido de toda a armadura, o teu inimigo não vai encontrar brecha para te atingir e nem te fazer desanimar.

Essa inconstância não pode permanecer na tua vida. Não permita mais que o teu inimigo te faça uma presa fácil. Deus tem coisa maior para a tua vida. Blinda o teu coração e segue a vida na presença de Jesus.

Mensagem 41

O fogo revela quem é quem

O capítulo 28, versículos 1/10 do livro de Atos, relata que Paulo depois de passar por um terrível naufrágio foi parar em uma Ilha chamada Malta.

Quando ele chegou na ilha foi muito bem recebido pelos habitantes daquela região, que a bíblia os chama de bárbaros, os quais os trataram com muita empatia.

Em seguida fizeram uma grande fogueira, porque a tripulação havia chegado naquela ilha nadando e estavam com muito frio, até porque o dia estava chuvoso.

Entretanto, quando acenderam a fogueira apareceu uma cobra no meio da madeira e mordeu a mão de Paulo, de modo que ele chacoalhou a cobra e a jogou no meio do fogo e a cobra fugiu no meio do fogo.

Isso nos traz uma reflexão: cobra não consegue se esconder no fogo. Observe que enquanto ela estava no meio das madeiras e o fogo não foi aceso ninguém a percebeu, mas quando Paulo decidiu acender o fogo a cobra apareceu, porque as mentiras não suportam as verdades.

As cobras não conseguem permanecer em um ambiente claro; elas se escondem no escuro, mas no meio do fogo elas não conseguem se esconder.

É por isso que o diabo quer continuar atuando na mentira, no oculto, pra ninguém ver, mas quando você acende uma fogueira a cobra é revelada no meio do fogo.

O fogo revela tanto quem é graveto, assim como quem é cobra. Quem é você, graveto ou cobra?

Você é o graveto que quando o fogo pega se acende da Palavra e da verdade do evangelho ou você é a cobra, que foge daquilo que é verdade; que foge daquilo que tem fogo?

Existem pessoas que têm agido como cobra, que não suportam ouvir a verdade, que se sentem confrontadas com o evangelho e que fogem do fogo, no entanto, têm pessoas que são gravetos, que ajudam o fogo a pegar mais e que se doam pro fogo pegar mais.

No teu ministério, na tua vida, tem que ter o fogo do Espírito Santo (Levítico 6/13), porque se não tiver fogo nesse altar as cobras vão permanecer fazendo o mal na tua vida.

Altar que não tem fogo está cheio de cobras, por isso no teu altar tem que ter o fogo do Espírito Santo pra revelar onde estão as cobras.

Você não pode deixar o pecado te apagar, as friezas te apagarem, as circunstâncias da vida apagar a chama da presença de Deus na tua vida.

Acenda o teu altar com o fogo da presença de Deus.

Mensagem 42

É através de Golias que você vai chegar na promessa que Deus estabeleceu para a tua vida

O capítulo 17 do livro de 1ª Samuel relata a história do desafio de Golias: um gigante que afrontou o povo de Israel e todos tinham medo dele.

Saul, que era o rei de Israel na época, prometeu uma grande recompensa para o homem que matasse o gigante Golias. Ele disse: "aquele que matar o gigante se casará com a minha filha e a casa dele será isenta de impostos" (versículo 25).

Davi aceitou o desafio e como todos sabem, derrotou o gigante e, a partir de então, usufruiu das duas recompensas: casou com a filha do rei e passou a ter imunidade de impostos.

O Espírito Santo nos mostra, através dessa história real, que foi a partir daí que Davi entrou nos planos de Deus.

Observe que quando Davi matou Golias teve o direito, como recompensa, de casar com a filha do rei. E foi justamente a partir daí que ele passou a ter probabilidade de se tornar o rei de Israel.

Até então, Davi não fazia parte da família real. Foi a partir de Golias que ele ingressou para a realeza e entrou na linha sucessória da monarquia de Israel. Tem coisas que Deu faz lá atrás que a gente não consegue entender, não é?

Deus está dando um Golias para as mãos de Davi. Golias é o troféu que Davi vai levantar para se casar com a filha do rei. Golias era o propósito que Deus havia estabelecido para Davi se tornar rei de Israel. Golias é a promessa de Deus na vida e Davi.

Tem coisas que Deus está permitindo acontecer na sua vida para que você chegue no trono. Tem adversidades que é o próprio Deus que está criando para te levar para o trono. É através desse Golias que você vai chegar na promessa que Deus estabeleceu para a tua vida.

Hoje você não consegue ter o entendimento e a profundidade aonde esse Golias vai te levar. Mas observe que se não existisse um Golias na história, não ia existir uma coroa pra Davi.

Às vezes você fica reclamando porque está enfrentando um gigante, porque a coisa está travada na vida, porque está passando pelo deserto muito intenso, mas na verdade esse Golias vai te projetar para você chegar na promessa de Deus.

Esse problema que você está vivendo é uma escada que Deus está criando para você ir subindo até chegar ao projeto que Ele preparou para a sua vida. Você pode não acreditar, mas é justamente isso que está acontecendo.

Essa é a revelação do Espírito Santo para a tua vida; toma posse em nome de Jesus.

Mensagem 43

Você sabe por que você não quer se batizar nas águas?

Essa vai para você que diz: "eu não quero me batizar nas águas". Você sabe por que você não quer se batizar nas águas? Porque você quer continuar fazendo coisas erradas; porque você quer continuar pecando deliberadamente. É porque você acha que pode brincar com Deus, com os demônios e com a sua alma.

O batismo nas águas promove arrependimento de pecados e prepara a pessoa para conhecer o Senhor Jesus pessoalmente através do batismo com o Espírito Santo. E você que diz: "eu não quero me batizar", é porque você não quer conhecer Jesus pessoalmente, é porque você não precisa do Espírito Santo.

Veja o que Jesus disse no Evangelho de Marcos 16/16: **"Quem crer e for batizado será salvo; quem não crer será condenado"**. O batismo nas águas significa assumir a fé em Jesus; significa renunciar as coisas do mundo para assumir publicamente a crença em Jesus.

Significa reconhecer os seus pecados, abandoná-los e tomar a decisão de seguir Jesus com uma vida nova a partir de então. Mas tem muita gente que fica enrolando e dizendo: "eu estou esperando sentir vontade; estou esperando ser tocado para me batizar nas águas". Pura mentira e enrolação.

O Espírito Santo está te mostrando agora que você não quer se batizar nas águas porque não quer assumir um compromisso com Jesus; você não quer se batizar nas águas porque prefere continuar com a vida errada.

Você acabou de ler que o batismo nas águas é uma condição para que a pessoa alcance a salvação. Jesus disse quem crer e for batizado será salvo; quem não crer será condenado. Então se você rejeita o batismo, automaticamente está rejeitando a salvação da sua alma; automaticamente está rejeitando Jesus e essa escolha errada vai custar caro.

Não espere sentir vontade de se batizar. Você só precisa crer e tomar uma atitude. Se você pensa que aquele batismo de criança valeu alguma coisa; você está totalmente errada, porque o batismo é para remissão de pecados e uma criança não tem pecados; um recém-nascido não tem consciência do que é certo ou errado.

O batismo nas águas é para quem já tem a consciência de que é pecador e que precisa de salvação. Se você o rejeita é porque você está dizendo para Deus que não tem pecados e que não precisa de salvação. Veja o risco que você está correndo.

Então pare de enrolar a si mesma e tenha vergonha na cara. Você já conhece a Palavra e fica dizendo que está esperando ser tocado para se batizar nas águas. Isso nunca vai acontecer.

Deus não toca em ninguém; é a Palavra que nos mostra; é a Palavra que testifica; é a Palavra que te alerta no dia de hoje que você está colocando a tua alma em risco.

Tome a decisão de levar Jesus a sério. Batize-se nas águas e mostre ao mundo que agora você faz parte do Reino de Deus.

Mensagem 44

Pare de ficar sonhando desgraças

A bíblia mostra em Gênesis, a partir do capítulo 39, o momento que José estava preso. A mulher de Potifar o havia seduzido e queria de todo jeito ter relação sexual com ele.

Quem conhece a história sabe que José fugiu. Entretanto, ela, para se vingar, inventou uma história totalmente mentirosa para o seu marido, afirmando que José teria tentado estuprá-la. Por esse motivo José foi preso injustamente.

Depois de certo tempo, apareceram na prisão um padeiro e um copeiro que trabalhavam próximos à Faraó e que também haviam sido presos. Em um determinado dia, José percebeu que eles estavam perturbados, porque constantemente sonhavam, mas ninguém dava a interpretação daqueles sonhos.

Diz a bíblia que José foi até eles e perguntou o tipo de sonho que haviam sonhado para que fosse dada a interpretação e assim foi feito. José interpretou os dois sonhos, afirmando que em três dias o padeiro iria ser executado e o copeiro iria ser restituído ao cargo.

Note que o padeiro vai sonhar o sonho que o resultado é a morte e o copeiro vai sonhar o sonho que o resultado é a vida, ou seja, ser restituído ao cargo e continuar trabalhando ao lado de Faraó. Um sonha vida e o outro sonha morte.

Eles estão na mesma circunstância, estão no mesmo lugar, no mesmo ambiente, mas cada um está tendo um tipo de sonho, só que um está sonhando vida e o outro, morte.

Observe que na vida é assim mesmo: enquanto tem gente que escolhe sonhar morte, têm outros que escolhem sonhar vida.

Tem um monte de gente que está na mesma situação que a sua, mas está sonhando vida, enquanto você está sonhando morte. Você só vive se lamentando e não tem perspectiva de melhoras.

Tem gente que está sofrendo os mesmos problemas que os seus, mas não está sonhando pra morte. Pare de se apegar em sofrimentos, em desgraças, em perdas. Sonhe vida.

Procure ver o lado positivo disso tudo. Enxergue de maneira otimista as adversidades da vida que você está passando, porque tem gente que está vendo vida, no lugar que você está vendo morte.

Tem pessoas que estão passando a mesma situação que você, que estão vivendo os mesmos ambientes que o seu, assim como o padeiro e o copeiro da história de José, mas não estão tão pessimistas quanto você.

O que você tem planejado para a tua vida? Pare de ficar se lamentando e comece a reagir. Parta pra cima dos problemas, porque tem gente que está passando os mesmos problemas que você e não está se vitimizando como você está, e não está guardando as dores de maneira negativa como você está.

É possível você passar pelo mesmo processo de alguém e enxergar vida, esperança e um novo tempo.

É preciso varrer a casa

"Qual mulher que tendo dez dracmas, se perder uma, não acende a candeia, varre a casa e busca com diligência até achar?" (Lucas 15, versículos 8/10).

O texto fala de uma mulher que tendo dez drácmas, ao perder uma, parou tudo o que estava fazendo e foi procurar a dracma que se perdeu, devido ao valor que essa dracma tinha para ela.

Acultura judaica nos mostra que a mulher recebia a dracma como presente de casamento. Então não era simplesmente a perda de algo financeiro ou de algo material. Havia um símbolo que representava o seu amor, que representava a aliança dela com o seu noivo.

A dracma naquela época tinha muito mais que um valor financeiro, tinha um valor emocional, como a aliança de casamento atualmente, que não só possui um valor financeiro, mas tem também um valor emocional dentro dela. Representa o sentimento que você tem por alguém, os valores que você construiu de fidelidade a essa pessoa.

Então essa mulher não perdeu apenas uma dracma ou um significado financeiro, ela perdeu algo que é importante, a vida emocional.

Observe que a bíblia diz que a mulher varreu a casa. Olhe a importância daquilo que ela perdeu. Ela precisou varrer a casa. Sabe por quê? Porque na sujeira ela não iria conseguir encontrar a dracma que se perdeu.

Existe momentos que pra encontrar aquilo que é importante é preciso varrer algumas coisas. Enquanto não varrer, você não vai encontrar aquilo que é importante.

Às vezes você quer conseguir encontrar o que é importante, a tua alegria, a felicidade que você perdeu, o sonho que você quer realizar, mas a casa está suja.

Enquanto você não tomar a atitude de varrer essa casa (que é a tua vida), você não vai encontrar a dracma perdida. Enquanto você não tirar o que é sujo, você não vai encontrar a dracma que se perdeu, não vai encontrar o que é importante.

Está na hora de tirar da sua vida aquilo que está te impedindo de enxergar a dracma perdida. Tira aquilo que está te contaminando, aquilo que está sujando a tua casa, aquilo que está sujando a tua mente, que está prejudicando a tua vida espiritual e o teu relacionamento com Deus.

Enquanto essa casa estiver suja, você não vai encontrar a dracma. Haverá momentos em que você precisará varrer ambientes, varrer relacionamentos, varrer certos tipos de amizades, pra poder encontrar o que é importante.

Quem sabe essa tua amizade está trazendo sujeira pra você; está contaminando a tua mente; está prejudicando a tua saúde, a tua mentalidade e a tua vida espiritual?

Por mais doloroso que seja haverá momentos que você precisará abrir mão de relacionamentos, ou de algumas pessoas que estão levando lixo pra dentro da sua vida. Varre a casa; tira as coisas **que não prestam. Fique atento ao que o Espírito Santo está te alertando.**

Mensagem 46

E agora que chegou a tua vez, vai desistir?

No livro de Jó capítulo 4, versículos 3/5 está escrito: **"Pense bem você ensinou a tantos, fortaleceu mãos fracas. Suas palavras davam firmezas aos que tropeçaram; você fortaleceu joelhos vacilantes. Mas agora, em chegando a tua vez, você se desanima; quando você é atingido fica prostrado? "**

Quando Jó estava passando pelo pior momento de sua vida ouviu essas palavras de seu amigo Elifaz. Jó sempre foi aquele que encorajava os outros, mas agora era ele quem estava precisando de ajuda.

Espírito Santo tem essa Palavra para você, que sempre procurou ajudar as pessoas, sempre procurou falar de Deus para elas, mas agora o seu coração está partido. Isso mesmo, para você que está enfrentando lutas terríveis.

Na vida haverá momentos em que tudo ficará muito escuro. Irá parecer não apenas que Deus está em silêncio, como também que Ele não está fazendo nada. Nesses dias, tudo irá parecer frio e sem sentido, até mesmo as coisas que sempre nos fortaleceram. Mesmo a Palavra de Deus não conseguirá nos livrar do desânimo.

Seremos tomados por uma sensação de impotência. E nós, que tantas vezes ajudamos as pessoas com as nossas palavras e atitudes, agora sentiremos que essas mesmas palavras não serão capazes de nos encorajar. São momentos que o vale da sombra da morte parece não chegar ao fim e ficamos com medo de nunca sairmos desse deserto.

Tentamos encontrar algum sentido, alguma direção, e não encontramos nada que alivie o nosso coração. Compartilhamos nossas lutas, até mesmo com pessoas de Deus, e elas não entendem a profundidade da nossa dor.

Os pastos verdejantes que antes nos traziam paz e alegria agora estão distantes e nem mesmo a vara e o cajado do pastor parecem estar presentes. Essa era a situação de Jó e talvez hoje seja a sua.

Mas o que você precisa compreender é que apesar de tudo isso, você continua caminhando. Ainda existe uma esperança e uma confiança interior que não acabou mesmo nos piores vendavais.

Você sabe por que você ainda está de pé? É porque as lembranças do que Deus já fez na sua vida nunca podem ser apagadas; mesmo diante da escuridão e do vazio. A presença de Deus que você já sentiu e as experiências que você já teve com Ele, estão muito fixadas dentro do seu coração e elas nunca serão removidas.

Por isso, se você está chorando ou perdendo a vontade de viver; está enfrentando o mesmo deserto que Jó enfrentou, o Espírito Santo está te dizendo que Deus não se esqueceu de você. Ele cuida de todas as áreas da sua vida e não se esqueceu de nenhuma delas.

Ele sabe dos sonhos que estão dentro de seu coração e Ele tem poder para realizá-los no tempo certo. Saiba que as promessas de Deus para a sua vida não diminuem com as suas falhas.

Essa escuridão que você está vivendo hoje não apagará o brilho do Senhor na sua vida, pois a bíblia diz que Deus é luz e Nele não há trevas alguma (1ª João 1/5).

Nem mesmo a mais profunda tristeza da sua alma poderá deixar o Senhor mais distante de você. Nem mesmo a sensação de abandono poderá fazer com que

Deus te deixe (Hebreus 13/5). Por isso, nunca desista de Deus; você vai sair dessa, assim como Jó também saiu.

Mensagem 47

O teu silêncio prega pra muita gente

A maior mensagem de Jesus não foi o sermão da montanha. A bíblia relata, em Lucas capítulo 27, a partir do versículo 33, que a maior mensagem de Jesus foi expressa no silencio da cruz, na hora da crucificação, quando Ele se entregou por amor a humanidade.

Jesus quando estava na cruz não expressou nenhuma palavra. Ele sofreu em silêncio e esse silêncio pregou para muita gente. O silêncio de Jesus converteu o centurião que o vigiava no momento da crucificação e muitos que ali estavam presentes (versículo 54).

O testemunho de Jesus na cruz pregou para muita gente. Essa passagem bíblica nos ensina que é possível a gente pregar o evangelho de Cristo sem dizer nada. O teu silêncio prega pra muita gente.

O teu testemunho está pregando para muita gente. O maior evangelismo que poderemos fazer não será com palavras, mas sim com atitudes.

Muda a estratégia na tua casa e pare de empurrar para os outros aquilo que eles não querem ouvir. Comece a mostrar Jesus no teu viver, no teu testemunho.

Pregue o evangelho com atitudes, porque o mundo não vai querer ouvir o que você fala, mas vai perceber o que você vive. O teu silêncio de permanecer fiel a Deus vai pregar mais alto do que as suas palavras. Permaneça fiel e pregue em silêncio.

A ordem do dia é para você parar de gritar e parar de querer empurrar Jesus para quem não quer ouvir.

É hora é de mostrar testemunho. É hora de mostrar as feridas da cruz, como Jesus mostrou para Tomé (João 20/27).

Jesus está nos ensinando que existem pessoas que não se converterão com palavras, mas quando virem as tuas feridas (o teu testemunho), com certeza se converterão e alcançarão a salvação eterna.

Tem gente que não se converte no grito, mas se converte com atitudes; não se converte com o que você diz, mas se converte com o teu testemunho.

Tem gente que nunca irá entrar na igreja para ouvir uma palavra, porque a única bíblia que eles irão ler serão as tuas atitudes, o teu silêncio, o teu testemunho.

Jesus pregou em silêncio na cruz para nos mostrar que tem hora que precisamos falar menos e mostrar mais.

Mensagem 48

Como vencer as guerras da mente

Uma das áreas que o diabo vai insistir em atacar na sua vida é a sua mente. Ele vai tentar de todas as formas dominar a sua mente, porque se ele dominar a sua mente, dominará todo o seu corpo.

As maiores guerras espirituais que o ser humano enfrenta não é do lado de fora. As maiores guerras que você vai enfrentar são as batalhas que existem na mente, sãos as guerras interiores.

Em efésios 6, a partir do versículo10, fala das armaduras de Deus. Perceba que dentre as armaduras descritas na bíblia, uma delas é o capacete da salvação. Significa que se Cristo não estiver na sua mente o diabo entrará nela, manipulará e lhe levará a uma vida de desgraça e de perturbações.

Não é à toa que o Apóstolo Paulo, em Romanos 12/2 nos ensina a não nos conformar com este mundo e que devemos nos transformar pela renovação da nossa mente.

Você precisa transformar a sua mente pela Palavra; você precisa encher a sua mente com a Palavra, porque se ela estiver vazia, ela vai ser um ninho, um território, onde o inimigo vai tentar de todas as formas atuar, colocando setas, problemas, crises interiores, dificuldades e guerras espirituais que você possa passar.

Você precisa conseguir dominar a sua mente e enviar para dentro dela informações que possam edificar tanto o seu corpo, quanto o seu espírito, porque senão ela vai ser bombardeada pelo diabo, com informações que vão tentar colocar você pra baixo.

Para você tentar manter a sua mente boa, é necessário cercar o teu campo de visão com coisas boas, com coisas edificantes, que elevem o seu lado espiritual. Os nossos pensamentos são formados por aquilo que a gente vê, conforme está escrito em Lucas 11/34.

Se você cercar o seu campo de visão com coisas que venham edificar, os seus pensamentos, o seu corpo e a sua vida serão bons; porque aquilo que você vê vai influenciar diretamente naquilo que você pensa. É isso que Jesus ensina nessa passagem bíblica de Lucas 11/34.

É por isso que tem gente que às vezes por fora, vive uma vida de sucesso, mas por dentro, está tendo uma vida de fracasso. Enfrenta uma guerra na mente que desencadeia em uma depressão.

Preencha a sua mente com coisas que venham edificar, não deixe o diabo dominá-la, porque se ele dominar a sua mente ele vai dominar toda a sua vida.

Preencha a sua mente com a Palavra de Deus, blinde-a com as coisas do altar, para que você possa ter forças para vencer as guerras externas que você está passando e principalmente para vencer as guerras interiores.

Se você não dominar a sua mente; se você não vencer na tua mente, você não vai ter forças para vencer fora e vai ser uma carne fresca para o diabo entrar e dominar a sua mente.

Mensagem 49

O trigo e a palha

A igreja do Senhor Jesus tem passado por diversas transformações nos últimos tempos. Ser cristão hoje em dia é moda. As denominações estão lotadas de artistas, músicos, jogadores de futebol, atores, cantores renomados, enfim, de pessoas "vivendo a fé" de acordo com seus próprios entendimentos, sem nenhum compromisso com a Palavra de Deus.

O modismo impera nas igrejas ditas evangélicas. Mas você sabia que existem dois tipos de cristãos? O trigo e a palha; o verdadeiro e o falso. Ambos estão dentro das igrejas crescendo juntos e misturados.

No passado muito distante, diz a bíblia, que o povo de Israel plantava o trigo para a sua sobrevivência e em determinado tempo eles colhiam e o levavam até a eira para ali ser retirada a palha e, por conseguinte, serem aproveitados os grãos.

A eira era uma espécie de espaço plano, com um chão duro, de dimensões variáveis, onde os cereais eram malhados e peneirados depois de colhidos, com vista a separar a palha e outros detritos dos grãos de cereais.

A eira ficava localizada no alto das montanhas por causa dos ventos. O trigo era espalhado e batido com varas para retirar a palha. Com um tridente o trabalhador jogava o trigo para o alto e o vento levava as palhas para longe e o trigo caia ao chão. Assim era feita a separação do trigo e da palha.

A eira também servia como tribunal de justiça. Onde os anciãos da cidade, como juízes, se reuniam lá para julgar as causas do povo em geral. Essa era a finalidade da eira. Servir de tribunal e fazer separação do trigo e da palha.

O trigo permanecia e a palha voava, caia fora da eira e era levada pelo vento para bem longe.

Trazendo para o campo espiritual é a mesma coisa. Na igreja temos o trigo e a palha. Quem é trigo permanece, mas quem é palha não dura muito tempo, pois os ventos, que são as tribulações da vida e as fascinações do mundo, lhes jogam para fora do átrio e da presença de Deus.

Veja o que está escrito em Mateus, capítulo 2, versículo 12: **A sua pá, ele a tem na mão e limpará completamente a sua eira; recolherá o seu trigo no seu celeiro, mas queimará a palha em fogo inextinguível.**

Ao ler esse versículo logo o Espírito Santo confirma a existência do trigo e da palha dentro das igrejas. Está evidente que o Senhor Jesus é a eira e fará o julgamento, a separação entre os dois.

Não adianta ir à igreja e continuar fazendo tudo errado. Temos que ser o trigo que seremos levados ao celeiro para ser aproveitados por Deus.

Quem é trigo vive em santidade, separado das coisas mundanas e do pecado, mas quem é palha está inclinada as coisas do mundo e aos prazeres da vida.

A palha não é convertida. Ela se diz cristã, frequenta a igreja, mas não abandona a velha vida, os velhos costumes de antes, as velhas amizades e práticas erradas.

Já o trigo é convertido. É verdadeiramente nascido da água e do Espírito. O trigo tem certeza de sua salvação, pois vive em obediência à Palavra de Deus, que é a Bíblia Sagrada.

A palha, que é o cristão <u>não</u> convertido, vive em obediência à sua religião, as doutrinas de homens e ao seu próprio eu. A palha <u>não</u> se submete as ordens de Deus, por isso será queimada eternamente em fogo inextinguível como está escrito em Mateus 2/12.

Por isso meu amigo e minha amiga, independentemente do tempo que você tem de igreja, independentemente do título eclesiástico que você possua, faça uma reflexão e veja quem de fato você é.

A eira (o Espírito Santo) está em plena atividade e vai continuar sendo o tribunal que fará justiça entre os que são de Deus e os que não são; continuará fazendo a separação entre o trigo e a palha.

Não tem para onde correr. Ou somos trigo ou somos palha; não existe meio termo. Quem é você?

Mensagem 50

Selecione melhor as suas amizades

A bíblia nos mostra, a partir do versículo 36, do capítulo 9 de Atos dos Apóstolos, uma lição de vida muito importante:

Diz o texto sagrado que existiu uma mulher que se chamava Dorcas e que vivia rodeada de verdadeiros amigos. Um dia essa mulher padeceu de uma doença incurável que a levou à morte.

Mas quando os amigos dessa senhora souberam que o Apóstolo Pedro estava nas imediações, intercederam em favor de Dorcas, para que o homem de Deus a socorresse.

Finaliza o texto bíblico afirmando que Pedro atendeu ao chamado dos amigos de Dorcas e foi socorrer aquela mulher que já havia falecido. Chegando no local, fez uma forte oração e Deus ressuscitou aquela senhora. A bela atitude dos amigos de Dorcas salvou a sua vida.

Isso nos faz entender que vão existir momentos que você não vai ter forças pra clamar a Deus. Vão existir momentos que você vai estar morto espiritualmente. Vão existir momentos que você não vai ter forças pra se levantar. Mas você precisa estar cercado de alguém que possa interceder por você quando você não tiver forças para orar.

Perceba que Dorcas estava morta. Ela não podia orar, mas teve alguém que estava ligado a ela, que a conhecia e que foi até Pedro interceder por ela;

Esteja cercado de pessoas que podem orar por você. Esteja cercado de amizades que possam te levar à Deus. Esteja cercado de relacionamentos que possam te aproximar do Senhor Jesus. Esteja cercado de amizades que possam interceder por você quando você não tiver mais forças para orar.

Se relacione com pessoas que possam despertar a sua vida espiritual. Com pessoas que possam interceder por você quando você não tiver mais condições de clamar. Por isso a importância de você selecionar as suas amizades.

Quem são os seus amigos hoje? As pessoas do seu ciclo de amizades poderiam orar por você, caso você passe por momentos de dificuldades, como Dorcas passou? Qual o tipo de relacionamento você tem hoje?

Ou será que você está cercado de amizades que só te ligam para sair no final de semana, pra tomar uma cerveja, pra fazer as orgias nas baladas da vida? Você acha que esse tipo de amizade vai te ajudar quando você estiver passando por dificuldades?

Esse mesmo amigo que só te procura para tomar uma cerveja, pra curtir a vida, pra fazer todo tipo de algazarra, é o mesmo que vai virar as costas quando você mais precisar.

Esse mesmo amigo que paga a bebida da festa, que paga a festinha pra você encher a cara e ficar doidão com ele, é o mesmo cara que vai desaparecer quando você passar pelo deserto.

Que tipo de amizade você tem construído? Observe que Dorcas estava morta e não tinha como clamar por ela mesma, mas teve alguém que intercedeu por ela. Teve alguém que clamou por ela e que foi em busca do homem de Deus e que trouxe a solução para os seus problemas.

Perceba a importância de você se relacionar com pessoas de boa índole. Por isso que a bíblia diz que as más conversações corrompem os bons costumes (1ª Coríntios 15/33).

Você pode ter o coração bom, você pode ter o coração em Deus, mas se você influenciar a sua vida com pessoas que só querem saber de orgias, de bebedices e de promiscuidades, com certeza você estará cometendo um suicídio espiritual e toda a tua vida estará fadada ao fracasso.

Dê ouvidos ao que o Espírito Santo está te alertando. Selecione melhor as suas amizades.

Mensagem 51

Não duvide das promessas de Deus e nem fique contando os seus sonhos para os outros

A bíblia relata no evangelho de Lucas, capítulo 1, que um anjo veio até um sacerdote chamado Zacarias e lhe disse que ele iria ser pai. O anjo lhe garantiu que Deus daria um filho a sua esposa Isabel, que era estéril e idosa.

Mas a bíblia diz também que Zacarias duvidou dessa promessa, por causa das circunstâncias adversas, porque além de sua esposa ser estéril, ambos já eram avançados em idade. Entretanto, por causa da dúvida, Deus fez com que Zacarias ficasse calado, em silêncio.

O interessante dessa passagem bíblica é que Zacarias queria muito ter um filho. Era o sonho de a sua família ter um filho, mas quando Deus disse que iria lhe dar um filho ele duvidou; ele desacreditou porque julgou a situação, as circunstâncias adversas que ele estava vivendo.

Zacarias passou pela experiência de ver o anjo face a face; de ter ouvido da boca do anjo que ele iria ser pai, e mesmo assim duvidou daquilo que ele mesmo queria. Dá para acreditar?

Veja se isso não acontece conosco hoje em dia? A gente quer tanto uma benção, um milagre, que quando Deus fala que vai fazer, a gente duvida. Às vezes, somos levados pelas circunstâncias e não damos a devida credibilidade para a Palavra que Deus nos libera. Agimos como Zacarias.

Mas na verdade você duvida porque quando você tenta comparar a promessa que Deus fez com a sua real situação, você acha que não vai se cumprir. Por isso você não consegue encontrar probabilidade de a promessa de Deus se cumprir na sua vida. Zacarias também pensou dessa forma.

Quando Deus promete algo para nós, Ele não depende das nossas circunstâncias, Ele não depende dos nossos recursos, Ele não depende do nosso conhecimento. Se Ele disse que vai fazer, é porque vai fazer, independentemente do tempo que estejamos vivendo (Números 23/19).

O problema de Zacarias é que ele não acreditou na Palavra que Deus havia liberado para a sua vida, e por causa disso Deus fez com que ele ficasse calado. Ele ficou um tempo sem poder falar, até que o milagre acontecesse. Por quê? Porque ele duvidou, porque ele não teve fé para acreditar.

Às vezes o próprio Deus permite também que venhamos ficar calados, para falar somente no momento certo. A bíblia descreve que Zacarias só voltou a falar depois que o filho nasceu depois que o milagre aconteceu.

Aprenda a guardar em segredo aquilo que Deus vai fazer na sua vida. Não fique contando os seus sonhos para os outros. O Espírito Santo está nos ensinando duas coisas com essa palavra:

1) Não duvide das promessas de Deus. Se Ele prometeu, logicamente que Ele vai fazer;

2) Não fique contando a sua vida e os seus sonhos para os outros. Espere o milagre acontecer para depois falar.

Aprenda a guardar algumas coisas em silêncio, em oração, sem duvidar, praticando a fé e crendo que a Palavra de Deus vai se cumprir.

Espera acontecer primeiro para contar depois. Não duvide, não desacredite, continue crendo, porque no tempo certo todo mundo vai ver a promessa de Deus se cumprir na tua vida, assim como viram na vida de Zacarias.

Mensagem 52

Antigos companheiros

A caminhada cristã não é fácil. Passamos por cada situação que as vezes até abalam as estruturas da nossa fé. Isso faz parte da vida. A própria bíblia diz que o reino dos céus é tomado por esforços (Mateus 11/12).

Devemos estar preparados para tudo, porque haverá ocasiões em que teremos que lutar contra antigos aliados, para que possamos alcançar nossos objetivos; para que possamos tomar posse da nossa vitória.

Temos que ter a consciência de que nem todos que começaram a caminhada conosco vão terminar a caminhada junto com a gente. Muitos te abandonarão no caminho; principalmente, se porventura, no meio da batalha, você se ferir.

Eles olharão você ferido, enfraquecido, pensarão que você está derrotado e vão te abandonar. Quando isso acontecer, não se preocupe, porque será a peneira de Deus tirando do teu caminho, pessoas que não deverão estar contigo no dia da realização dos seus sonhos. (1ª Timóteo 1, versículos 18/20).

O Apóstolo Paulo também passou por isso quando lutou contra os seus antigos aliados Demas e Alexandre, o latoeiro (2ª Timóteo 04, versículos 9/16).

Você precisa entender também que o número de pessoas que se levantarão contra ti e que vão falar mal de você vai aumentar. Você deverá estar preparado e precisará de um coração forte para pelejar com antigos aliados.

Pessoas que andavam contigo no começo da caminhada, irão se voltar contra ti e irão se aliar com os seus inimigos para tentar te derrotar e você precisa se preparar para isso.

Moisés passou por isso. Sentiu na pele à perseguição de antigos aliados. Corá, Datã e Abirão se levantaram tentando jogar o povo contra a sua autoridade. A perseguição foi tremenda (Números 16).

Mas o Espírito santo também nos revela que quando tudo isso passar, você vai comemorar a sua vitória. Quando você superar todos esses obstáculos o seu coração estará tão cheio de Deus que irá sentir misericórdia de seus inimigos.

É nessa fase que você vai vê-los bater palmas para o seu testemunho. Nessa fase eles se reaproximarão de você para tentar usufruir das tuas bênçãos. Foi isso que aconteceu com José do Egito. Seus irmãos se curvaram diante dele e vieram pedir arrego (Gênesis 45).

Quando você estiver na condição de José do Egito, que de escravo se tornou governador, dê um tapa na cara do diabo. Os que te perseguiram vão te pedir ajuda e nessa hora estenda as mãos para eles para que fique provado que o Senhor é contigo; para que todos vejam a grandeza do poder de Deus na tua vida, assim como os irmãos de José viram.

Lutar contra antigos aliados faz parte da trajetória de todo homem e mulher de Deus. Fique atento.

Mensagem 53

Até quando você vai continuar lutando com a força do teu braço?

O capítulo 17 do livro de Êxodo relata uma história muito interessante: a guerra entre Israel e os amalequitas. A guerra de Refidim.

Israel precisou lutar porque senão iria morrer no meio da guerra. Não era vontade do povo, ninguém queria ser surpreendido por um ataque, mas a verdade é que os amalequitas atacaram.

E com o ataque dos amalequitas eles precisam lutar para sobreviver. Eles tomaram um posicionamento dentro do campo de batalha para resistir o ataque de Amaleque.

Tem muita gente que está se entregando aos amalequitas; está se entregando ao pecado; está se entregando as adversidades. Deus está mandando você se levantar e lutar. Partir pra cima.

Se você se entregar para as circunstâncias que estão ao seu redor, vai morrer. Por mais que aconteceu algo que surpreendeu a sua vida. Por mais que você esteja passando por algo que não queria viver, é necessário resistir, é necessário partir pra cima.

Se você não se posicionar vai morrer no meio dessa guerra. A intenção dos amalequitas é te destruir. Não se entregue as circunstâncias que estão ao seu redor.

Observe um detalhe importante que existe nessa história: consta no versículo 11, que enquanto Moisés permanecia com as mãos levantadas, Israel vencia, mas quando abaixava as mãos, os amalequitas avançavam.

O tempo foi passando e Moisés se cansou. Foi preciso dois homens ficar segurando suas mãos, durante todo o dia, para que o povo conseguisse vencer. Isso prova que aquela guerra era de ordem espiritual.

Existem guerras que você só vai vencer se entender que as armas que tem que usar são as espirituais. Paulo disse que a nossa luta não é contra carne e nem contra o sangue, mas contra os principados e potestades (Efésios 6/12).

Até quando você vai continuar entrando em guerras usando as suas armas? Até quando você vai continuar lutando com a força do teu braço? Por isso você perde guerras, perde batalhas e vive cheia de tribulações porque não está usando as armas espirituais.

Eu sei que você não queria passar por essa guerra, mas aconteceu. Por isso você não pode se entregar a ela, você precisa resistir e você só pode resistir se usar as armas espirituais contra o inimigo que veio te atacar.

A intenção de Amaleque é tirar a tua estrutura, é te levar pro chão, é te atacar de maneira surpreendente, por caminhos que você nem imagina, por lugares que você nem espera.

Por isso você precisa estar preparado. Você precisa se fortalecer espiritualmente; precisa usar as armas da fé.

Mensagem 54

Está na hora de você parar de atribuir aos outros aquilo que é responsabilidade sua

A bíblia relata em 1ª Samuel 17, a história do desafio de Golias. Um soldado campeão filisteu de grande estatura, com quase três metros e trinta e oito centímetros de altura, que atemorizou, por um grande período, o povo de Israel.

Golias desafiou o alto comando do exército de Israel para que indicasse um homem que pudesse enfrentá-lo, mas ninguém tinha coragem de encarar o gigante feroz e mais temível da época.

É aqui que surge a história de Davi. Um jovem rapaz do campo, que cuidava das ovelhas de seu pai e que era um homem segundo o coração de Deus. Davi não levava desaforos para casa.

Quando Davi soube da afronta, imediatamente se predispôs a enfrentar o gigante. Ele não pediu ajuda para seu irmão Eliabe e nem envolveu o exército de Israel pra vencer essa guerra.

Ele foi sozinho enfrentar Golias, porque saiba que aquela luta deveria ser entre ele, Golias e Deus. Aquela responsabilidade era dele e por isso teve êxito.

Existem batalhas que você vai ter que enfrentar sozinho e não adianta envolver outras pessoas porque a autoridade que Deus concedeu para vencer o gigante está sobre as suas mãos.

Não adianta envolver outras pessoas em suas guerras porque essas pessoas se machucarão em vão. Elas não têm autonomia para resolver o problema que é todo seu.

Está na hora de você parar de transferir para os outros aquilo que é responsabilidade sua. Está na hora de você assumir e enfrentar os gigantes que o diabo tem colocado à sua frente.

Está na hora de você parar de mendigar a ajuda dos outros e partir pra cima dos problemas. Pare de se vitimizar. Pare de ficar mendigando a oração do pastor, do obreiro ou do padre. Quem vai resolver esse problema é você.

Quem vai derrubar esse gigante é você. Levanta a tua funda, pega a pedra e parte pra cima, assim como fez Davi, porque Golias vai ter que cair em nome de Jesus.

Por trás do gigante tem honra, porque quando Davi venceu Golias encontrou a possibilidade de casar com a filha do rei e, por conseguinte, se tornar o maior rei da história de Israel.

A tua vitória depende de você. Deus já fez a parte Dele.

Mensagem 55

Quem aprende a depender de Deus no deserto, continua dependendo Dele na prosperidade

Talvez você esteja se perguntando: "por que é que Deus permitiu eu passar por esse deserto"? Deus permitiu você passar por esse deserto para que você aprenda a depender Dele.

Quem aprende a depender de Deus no deserto, continua dependendo Dele na prosperidade. É por isso que o Espírito Santo te levou para o deserto, para te ensinar a depender Dele.

Quando você aprende a depender de Deus, mesmo quando você chegar no palácio; mesmo quando você chegar na grandeza; mesmo quando você chegar em lugares altos, você continuará dependendo de Deus.

O Apóstolo Paulo era um eterno dependente do Senhor. Ele deixou claro em Filipenses 04, versículos 11/13, que já havia experimentado de todas as situações dessa vida. Ele já havia desfrutado das riquezas do palácio, como também dos momentos de escassez, mas em todos os momentos jamais deixou de depender da misericórdia de Deus.

Por isso quando você chegar à prosperidade, mesmo tendo tantas coisas, perceberá que o que é mais valioso é você carregar Jesus Cristo em seu coração. Construir com Ele um relacionamento profundo e valorizar a presença do Espírito Santo na sua vida. É por isso que Ele permite o deserto.

Infelizmente tem gente que quando chega lá em cima não valoriza mais. Começa a cuspir no prato que comeu. Tem gente que quando chega lá em cima abandona a Deus. Tem gente que quando chega no caminho de prosperidade, não consegue ser grato com a vida que Deus lhe concedeu.

Por isso vem o deserto, aí você começa a depender mais de Deus, a reconhecer que sem Ele você não é nada. O deserto gera dependência em nós.

Quando você conhece Deus da forma como Ele é, você pode estar no palácio, pode estar na prosperidade, pode estar com muito dinheiro, pode ter tanta coisa, mas você continua dependendo Dele pra tudo.

Quem depende de Deus no deserto, também vai continuar dependendo Dele na prosperidade. Aprenda com o Apóstolo Paulo, nunca diga que a força do teu braço te fez chegar aonde você chegou.

Agradeça pelo que Ele fez na tua vida e por tudo que Ele ainda fará.

Mensagem 56

Deus não vai mudar a opinião Dele por causa das nossas opiniões

É muito comum a gente ver pessoas querendo o mal das outras só porque foram injustiçadas ou perseguidas. No mundo moderno é assim.

Mas a verdade é que Deus não vai ficar de mal com os outros só porque você ficou. Você acha que pelo simples fato de ter tido um problema com essa outra pessoa, que Deus também vai ter um problema com ela? Se você pensa assim está enganada.

Só por que você não concordou com a opinião de alguém; só por que você se magoou com alguém, você acha que Deus vai fazer mal pro outro por causa de suas opiniões? Claro que não!

A mesma misericórdia de Deus que funciona na tua vida, funciona também na vida dessa pessoa que te ofendeu. Jesus nos ensinou a orar pelas pessoas que nos perseguem (Mateus 5/44). Esse é o evangelho genuíno.

É claro que Deus não concorda com a prática de pecado de ninguém, mas também não vai mudar a opinião Dele por causa das nossas opiniões.

Às vezes Deus permite passarmos por problemas dessa natureza para que o nosso caráter seja tratado, fortalecido e restaurado. Para que a gente aprenda a gerar frutos do Espírito.

Aprenda a orar por seus inimigos. A oração do Pai nosso nos assegura que só obteremos o perdão de Deus se perdoarmos a quem nos ofendeu (Mateus 6, versículos 9/15).

Veja o exemplo de Agar: a bíblia diz em Gênesis 16, que a empregada doméstica que se chamava Agar, deu filho pra Abraão e por causa disso Sara sentiu uma diferença entre ela e o seu marido Abraão; criou uma revolta em seu coração e começou a fazer mal pra Agar, sem ter nenhum motivo.

Agar não causou nenhum sofrimento naquela casa. Todo problema quem começou foi Sara, porque a proposta indecente foi dela e mesmo assim Agar não almejou o mal da sua patroa e nem pediu pra Deus ficar de mal de Sara.

Agar tinha todos os motivos do mundo pra pedir o mal de Sara, mas não pediu. A proposta do evangelho não é essa. A proposta do evangelho é o perdão e a misericórdia. É amar o próximo como a nós mesmos.

Quem sabe você está com raiva de alguém e Deus tem um propósito nessa história, de essa pessoa ser alcançada pelo Evangelho através de você. Por isso, não revide. Mostre Jesus com o teu caráter.

Deus quer usar a tua vida para que o nome Dele seja glorificado. Às vezes existem coisas que fogem do teu controle e que você não entende o que está acontecendo.

Mas o Espírito Santo está te mostrando que Deus não vai ficar com raivinha dos outros porque essa pessoa não concordou com a tua opinião, ou porque te decepcionou.

Deus quer que você cresça, amadureça e entenda que o evangelho cura, liberta, perdoa e salva os que verdadeiramente têm o coração puro.

A vida do cristão é orar pedindo a misericórdia das pessoas que ainda não foram alcançadas pelo evangelho. Então perdoe porque Deus quer transformar a sua vida, a sua casa e a sua família.

Mensagem 57

A sua família precisa de você

Certo dia Jesus entrou em um barco com os seus discípulos e navegou para uma cidade conhecida como Gerasa. Chegando nessa cidade, encontrou com um homem totalmente possesso de demônios e Jesus o libertou. Depois de ter sido liberto, aquele homem pediu para acompanhar o Mestre.

<u>Aquele homem disse para Jesus:</u> Mestre deixa que eu vá contigo; deixa que eu caminhe contigo para onde tu fores! E Jesus disse: NÃO. VOLTA PARA A TUA FAMILIA e conta quão grandes coisas Deus fez por você. (Essa história está contida em Marcos capítulo 5, versículos 1/19)

Hoje o Espírito Santo quer falar sobre o tempo que você fica com a sua família. Tem muita gente que em nome de uma suposta obra de Deus começou a desvalorizar a família.

Em nome de uma suposta obra de Deus desamparou a esposa, desprezou os filhos, abandonou o lar. Existem muitas pessoas que despedaçam o matrimonio por causa dessas situações. Acham que a obra de Deus está acima da família. Enganam-se completamente.

Eles acham que não devem passar tempo com a esposa; que não devem passar tempo com os filhos; acham que a obra de Deus está em primeiro lugar. Não é isso que a bíblia nos ensina. VAI PARA A TUA CASA, foi o que Jesus disse para aquele rapaz. Vai cuidar da tua família (Marcos 5/19).

Tem muito tempo que a sua família não convive contigo. Tem muito tempo que a sua família não conhece o seu cuidado, não desfruta mais do teu abraço. Foi o que Jesus disse para aquele rapaz.

A própria bíblia diz que você não pode estar à frente de um projeto Divino se primeiro você não organiza a sua casa. Tenha prazer em estar com os seus familiares; goste de sorrir com os seus filhos. Ame estar com a sua família. Sua família é a sua primeira igreja (1ª Timóteo capítulo 3, versículos 4/5).

Eu sei que fazer a obra de Deus é tremendo, é maravilhoso, mas tem muita gente desprezando a família para fazer a obra Deus e isso é errado. Primeiro você precisa cuidar dos seus. É isso que o Espírito Santo está trazendo para a tua vida no dia de hoje.

Tudo irá bem contigo nos céus e na terra quando você resolver abraçar a sua família como um projeto primordial da parte de Deus. Nunca esqueça. Aquele homem disse: Jesus deixa que eu vá contigo, mas Jesus disse não. A sua família precisa de você.

Mensagem 58

O tempo do preparo de Deus

Existe um ditado popular que diz: se conselho fosse bom não se dava; se vendia. Entretanto, a bíblia diz em Provérbios 11/14 **"que na multidão dos conselhos há sabedoria"**.

É justamente firmado nessa passagem bíblica que o Espírito Santo tem um conselho para te dar: Não fuja do preparo de Deus para a sua vida.

Infelizmente algumas pessoas querem alcançar os projetos que Deus escreveu para suas vidas sem passar pelo tempo do preparo, pelo tempo que Deus usa para nos capacitar para os projetos que Ele mesmo está escrevendo para a minha vida e para a sua vida.

Observe que Davi foi ungido rei de Israel ainda na adolescência, por volta dos 15 anos de idade (1ª Samuel 16/13), mas só assentou na cadeira de rei muitos anos depois (2ª Samuel 5/4). De acordo com alguns teólogos Davi se assentou na cadeira do trono de Israel 15 anos após ter sido escolhido por Deus. Foi necessário um tempo de preparo.

Ainda de acordo com a bíblia, Deus deu o dom da revelação a José em sonho (Gênesis 3/5), mas só depois de muitos anos José se assentou na cadeira de governador do Egito (Gênesis 41, versículos 37/46). Observe que também foi necessário um tempo de preparo.

O Próprio Jesus foi levado pelo Espírito Santo para o deserto, com a finalidade de ser preparado (Mateus 4), ou seja, mesmo sendo o filho de Deus, também precisou de um tempo de preparo.

Ora, se os grandes homens de Deus mencionados nas escrituras precisaram ser preparados para uma obra fantástica, imagine eu e você? Esse é o conselho do Espírito Santo para a nossa vida no dia de hoje.

Por isso, na minha maneira de pensar e, principalmente, fundamentado nas escrituras sagradas, entendo que o tempo de preparo é o tempo que nós passamos como servos de Deus e testemunhas de Jesus.

Nada acontecerá no nosso tempo e nem do nosso jeito. É necessário um tempo de preparo para que possamos tomar posse daquilo que Deus tem preparado para cada um de nós.

Mas preste bem atenção para você não confundir o tempo de preparo com o tempo que a pessoa tem de igreja, porque infelizmente, posso afirmar que tem pessoas que têm anos e anos de igreja, mas pouquíssimo tempo como verdadeiros servos do Senhor. Uma coisa não tem nada a ver com a outra.

Não fuja do tempo do preparo de Deus, porque Aquele que escreveu a sua história é fiel para, no seu devido tempo, colocar você no lugar que Ele mesmo preparou.

Água mole em pedra dura, tanto bate até que fura

No livro de Jó, capítulo 14, versículo 19 está escrito: **"Como as águas gastam as pedras, e as cheias arrebatam o pó da terra, assim destróis a esperança do homem".**

Tenta refletir nessa palavra: Jó disse que as águas têm o poder de gastar as pedras.

A primeira coisa que você pode observar é que as águas gastam as pedras pela sua insistência, pela sua perseverança. Com isso, o Espírito Santo nos mostra a necessidade que temos de perseverar.

Existem coisas que você não vai conseguir vencer da noite para o dia. Existem coisas que só serão vencidas com a perseverança e com o tempo.

O livro de Jó nos mostra o poder da perseverança, da continuidade, da permanência e da insistência. Ele nos mostra que precisamos aprender com as águas. Água mole em pedra dura, tanto bate até que fura. Você já ouviu esse ditado popular, com certeza.

Existem coisas que só vão acontecer na sua vida mediante a perseverança, mediante o fato de você permanecer no propósito de Deus.

Se você olhar para trás, se você desistir de agir, você não vai ver o resultado. Aprenda com a reflexão de Jó, que as águas gastam as pedras.

Existem coisas que só se desgastam com o tempo. É o tempo natural do processo. O propósito de continuar tem que ser mais forte do que a vontade de desistir.

Tem gente que no primeiro obstáculo já pensa em desistir, em jogar a toalha, mas não é isso que o Espírito Santo nos ensina. Devemos seguir em frente, sempre.

Você pode até não compreender o que está acontecendo ao teu redor, mas as pedras estão sendo desgastadas. O processo é lento, mas gera resultado.

Ainda que você não veja de forma imediata, certas coisas acontecerem, mas você precisa compreender que água mole em pedra dura, tanto bate até que fura. Esse ditado popular já estava na bíblia e você nem sabia.

Você está querendo as coisas de forma imediata? Com Deus as coisas não acontecem dessa forma. Tudo acontece no tempo certo. É isso que o Espírito Santo está dizendo. Espera, persevera!

Por mais que você não veja, por mais que você não sinta, as pedras estão sendo desgastadas. O processo é lento, mas desgastam as pedras. O processo pode até não acontecer no teu tempo, mas vai gerar resultados.

Se você parar, você não vai ver o resultado. Permaneça no propósito de Deus. Não mude o rumo por causa do resultado. Porque nem sempre o resultado virá no tempo que você quer.

Não aconteceu hoje, amanhã vai acontecer. Nunca desista. As pedras não vão ser quebradas pelas águas de forma imediata, elas serão desgastadas com o tempo. É isso que o Espírito Santo está nos ensinando no dia de hoje, através dessa passagem bíblica.

A sua decisão de continuar perseverando, de continuar acreditando, está movendo resultados sobre a sua vida, ainda que não seja de imediato, mas no processo tem coisas grandes que Deus está preparando para você.

Aguarde e confie!

Mensagem 60

Não fique de conversa com o pecado

A bíblia mostra em Gênesis, a partir do capítulo 39, o momento que José estava preso. A mulher de Potifar o havia seduzido e queria de toda forma ter relação sexual com ele.

Quem conhece a história sabe que José fugiu, e ela, para se vingar, inventou uma história totalmente mentirosa para o seu marido, afirmando que José teria tentado estuprá-la. Por esse motivo José foi preso injustamente.

Mas por que José fugiu? Ora, ele fugiu porque sabia que se ficasse iria cair no pecado, iria transar com aquela mulher, que era esposa de seu patrão.

José não era homossexual. Ele era um rapaz jovem, bonito e atraente, mas, por não ter ficado de conversa com o pecado, fugiu para não entrar em tentação e não trair os seus princípios.

A mulher de Potifar estava doida para se relacionar sexualmente com José, tanto é que ela o segurou à força, a ponto de rasgar as vestes do rapaz, mas ele fugiu pra não cair no pecado.

Isso é muito interessante porque um aprendizado muito forte tem essa palavra: existem momentos que teremos que fugir para não cair na sedução do pecado.

Precisamos entender a nossa natureza humana e fugir daquilo que somos fracos, porque a nossa fraqueza vai nos levar à queda. Precisamos fugir dos nossos desejos, assim com José fugiu.

Você precisa reconhecer seus pontos fracos e fugir daquilo que você sabe que é fraco, para não cair em tentação. Foi isso que José fez. Fugiu daquela mulher sensual para não cometer o ato sexual ilícito que lhe foi proposto, naquele ambiente secreto e propício.

Do que adianta você se achar forte e cair nos laços que o diabo preparou para você? Isso não é inteligente. É melhor você reconhecer suas limitações e fugir daquilo que você sabe que é fraco.

Se você permanecer batendo papo com o pecado você vai cair. A conversa com o pecado vai te levar à queda. Se José permanecesse de conversinha com a mulher de Potifar iria cair naquela tentação sexual.

Conversar com o pecado nos leva à queda espiritual. Conversar com os nossos desejos, com as nossas vontades, nos leva à queda. Por isso você precisa aprender a permanecer em Deus e fugir daquilo que possa te levar ao pecado.

Reconheça suas fraquezas naturais e não fique em ambientes ou em relacionamentos que possam te levar ao pecado.

Mensagem 61

Com Deus sempre seremos maioria

A bíblia diz em Mateus 14, versículos 22/33, que Jesus compeliu os discípulos a entrarem no barco e irem para a cidade de Genesaré. Só que chegando ao meio do lago, o barco foi atingido por uma grande tempestade e Jesus depois de ter ido ao monte orar sozinho, voltou andando sobre as águas ao encontro de seus discípulos.

Só que quando ele se aproximava, a bíblia diz que aqueles homens que estavam no barco assustados, pensaram que era um fantasma e <u>Jesus disse:</u> não temas, sou eu.

O apóstolo Pedro se encheu de uma fé incrível, de uma fé diferente. Algo brotou do coração do apostolo naquele momento e ele olhou para <u>Jesus e disse</u>: mestre manda que eu vá ter contigo sobre as águas, se és tu mesmo que estás vindo em nossa direção. <u>E Jesus disse</u>: venha.

Doze homens estavam naquele barco, mas apenas no coração de Pedro germinou aquela fé que faz o ser humano desafiar os limites.

Normalmente quando existe um grupo a maioria sempre vence. Quando existem muitas pessoas, a opinião da maioria é o que determina o que vai acontecer, mas nessa palavra apreendemos que você sozinho com Deus é maioria.

<u>O apóstolo Pedro colocou o pé na água e foi ao encontro de Jesus.</u>

As vezes para você atingir o seu objetivo, para você alcançar as coisas espirituais, para você vencer os desafios espirituais que se colocam em sua jornada, é necessário deixar um povo para trás, é necessário deixar algumas pessoas viverem seus medos, enquanto você vai ao encontro do Senhor Jesus.

Isso também aconteceu com os doze espias que Moisés mandou olhar a terra prometida. Dez voltaram amedrontados, mas dois voltaram maravilhados (Números capítulo 13).

<u>Existem situações que temos que pelejar sozinhos.</u>

Aconteceu também com Davi quando chegou no campo de batalha e encontrou o exército de Deus sendo afrontado pelo gigante Golias. A bíblia diz que Davi foi à frente dos guerreiros de Israel e pelejou sozinho contra o gigante (1ª Samuel, capítulo17).

Às vezes a experiência é só nossa. Observe que Pedro não ficou perguntando aos amigos do barco: "vamos lá; vamos andar comigo? " Não. Pedro foi em direção a Jesus sozinho.

Note também que Davi não chegou ao campo de batalha dizendo: "gente tenham coragem, vamos comigo?" Ele simplesmente se encheu de uma fé que capacita o homem a vencer todos os seus limites e foi em direção ao gigante e venceu a batalha.

Só que chegando no meio do caminho, a bíblia diz que Pedro, ouvindo a voz dos ventos, acabou se assustando e afundou. Acontece que Pedro afundou e gritou por socorro e Jesus lhe estendeu as mãos e eles voltaram juntos para o barco.

Quando eles estavam voltando, a tempestade ainda estava assolando o barco. Independente de Pedro estar com medo ou não, na volta para o barco, segurando nas mãos de Jesus ele não afundou mais.

Mas porque Pedro quis ir em direção a Jesus se o mestre já estava voltando em direção ao barco? <u>A resposta é simples</u>: o homem espiritual quando tem essa fé sobrenatural no coração, não se contenta apenas em esperar, ele também sente o desejo profundo de ir em direção a Jesus.

Deixa Deus despertar essa fé dentro de você; essa fé que faz do homem um guerreiro que não respeita os limites e que tem a certeza de que basta apenas estar com Jesus para formar maioria.

Se você não se alimentar agora não vai conseguir estar preparado para vencer os próximos níveis dos problemas

A bíblia diz no capítulo 27 de Atos que Paulo estava sendo levado preso para a Itália, com a finalidade de ser apresentado ao Governador César e por isso foi colocado dentro de um navio.

Diz ainda o texto sagrado que Paulo orientou o centurião responsável pela tripulação para que eles não saíssem daquela região, porque previu um risco iminente de morte se prosseguissem aquela viagem.

Paulo havia dito para eles não saírem de Creta porque os ventos iriam piorar, a tempestade iria aumentar e isso iria colocar em risco a navegação e a sua própria vida.

Mas o centurião preferiu não ouvir o que Paulo estava falando e seguiu a orientação do comandante daquela embarcação e partiu.

No meio da viagem, o vento veio forte, de modo que os marinheiros tentaram fugir em pequenos botes, mas Paulo os advertiu que se alguém pulasse da embarcação Deus não iria salvá-los.

Consta nos versículos 33/36 que Paulo exortou a todos para se alimentarem, porque eles já estavam há 14 dias sem comer e beber nada. O vento era tão grande que tirou a vontade de se alimentar daqueles homens.

Eles estavam tão desesperados com os problemas que estavam passando que não estavam conseguindo viver de maneira saudável, porque os ventos tiraram o apetite deles.

Existem ventos que tiram a nossa fome. Existem problemas que tiram a nossa vontade de se alimentar. Dependendo da dor que você está passando os ventos tiram a tua vontade de continuar sobrevivendo.

Mas a ordem de Paulo foi para que eles se alimentassem, porque quando o navio chegasse próximo à Ilha de Malta todos os 276 tripulantes teriam que nadar até a praia para sobreviver.

Quatorze dias sem comer e sem beber, fracos, como é que eles iriam conseguir nadar até a ilha? Sem forças e sem saúde, não teriam condições físicas de irem nadando até a praia.

A maioria dos cristãos, quando lêem essa passagem, não entende o porquê de Paulo ter mandado eles se alimentarem, mas o Espírito Santo nos revelou que foi justamente para que eles tivessem condições físicas de nadarem (versículo 44).

Eles teriam um próximo nível. Eles iriam precisar daquele alimento para conseguir ter estrutura para suportar as próximas coisas que iriam acontecer. Se eles não tivessem comido não conseguiriam nadar até a ilha de Malta.

Existe algo que Deus está te dando agora para que você suporte o que está por vir. Um alimento que está vindo agora, algo que Deus está entregando para você agora para você ser projetado para alguma coisa que está por vir.

Então se alimente da Palavra de Deus porque tem algo grande, poderoso e tremendo que Ele está preparando para a tua vida e se você não se alimentar agora não vai conseguir estar preparado para vencer os próximos níveis dos problemas.

Mensagem 63

A zona de conforto e a fraqueza espiritual

"...Então Ele me disse: a minha graça te basta, porque o meu poder se aperfeiçoa na fraqueza. De boa vontade, pois, mais me glorificarei nas fraquezas, para que sobre mim repouse o poder de Cristo..." (2ª Coríntios 12, 9).

Essa palavra foi dita pelo Próprio Deus, em resposta aos questionamentos do Apóstolo Paulo quando estava enfrentando a fase do espinho na carne.

Mas o que realmente Deus está querendo nos dizer nos dias atuais com essa Palavra, já que Paulo é morto e a Sua Palavra se renova a cada dia e é voltada para nós que estamos vivos?

Ora meu amigo e minha amiga. O Espírito Santo nos revela que quando tudo vai bem em nossa vida, há um relaxamento natural. Quando tudo caminha bem o cristão corre o risco de entrar em uma zona de conforto, onde ele acaba negligenciando na fé.

Na zona de conforto o cristão relaxa nas orações, nos jejuns, na leitura da bíblia, nos propósitos de fé, na ida à igreja, ou seja, ele deixa de lutar com as armas da fé porque, em tese, não precisa como antes, pois as circunstâncias do momento lhes são favoráveis.

Na zona de conforto tudo vai bem. A zona de conforto é justamente o momento de desfrutar das conquistas obtidas por meio da fé. Nela o cristão fica um pouco "orgulhoso" com o testemunho de vida alcançado; fica gastador, viajante, festivo; vira o cara!

É importante salientar, que na zona de conforto o cristão não está vivendo em pecado, pelo contrário, está mostrando ao mundo o resultado das conquistas materiais obtidas por meio da fé, e é justamente essa vida boa que faz com que ele não enxergue que está esfriando espiritualmente e, por conseguinte, dando brechas para que o diabo o atinja mais adiante.

É justamente aí que entra essa passagem de 2ª Coríntios 12, 9. Como Deus sabe todas as coisas, logicamente percebe que o seu servo está trilhando em uma zona perigosa e por isso, permitirá que em dado momento, dentro da zona de conforto, aconteçam situações contrárias que vão servir para despertar a fé e a consciência do cristão relapso.

Perseguições, angústias, problemas e até mesmo conflitos interiores, lhes trarão momentos de fraquezas espirituais. Tudo ia bem, e de repente tudo ficou mal. Esses conflitos interiores e os questionamentos internos fazem com que o cristão comece até mesmo a duvidar da presença de Deus em sua vida.

Mas o que Deus está nos revelando nessa passagem bíblica é justamente isso: Os problemas e as adversidades servem para despertar a nossa fé, para nos tirar da zona de conforto e do relaxamento espiritual.

É exatamente nos momentos de dificuldades que obteremos forças para buscar mais em Deus uma saída para a situação contrária, para os problemas que insistem em ficar.

Pode observar meu amigo: quando tudo vai mal o ser humano logo encontra tempo para ir à igreja, para orar mais, para jejuar, para se entregar mais ao Senhor Jesus. É precisamente nas fraquezas que obtemos forças para lutar e alcançar a resposta de Deus.

O próprio Deus afirma isso: o poder Dele se aperfeiçoa em nossa fraqueza, ou seja, nos nossos momentos de dificuldades. É nessa hora que Ele age em nossas vidas.

Por isso meu amigo, chegamos à conclusão de que a zona de conforto nos tira a visão espiritual e nos torna um cristão relapso, mas quando estamos fracos aí é que somos fortes, pois é justamente na fraqueza que buscamos forças em Deus para nos tornarmos fortes.

Mensagem 64

Quando Deus mandar você sair não insista em ficar

Não queira ficar em um lugar onde Deus já te deu a direção ou determinou pra você sair, porque se você ficar vai ter problemas. Você vai enfrentar situações de coisas que Deus não queria que você passasse.

Se você insistir em sair da direção de Deus você vai colher os frutos da precipitação.

Veja o que aconteceu com Ló e sua esposa: quando Deus enviou os anjos até a casa de Ló Ele disse pra que saíssem de Sodoma e não olhassem para trás. A bíblia diz que a esposa de Ló olhou para trás e virou em uma estátua de sal, pelo simples fato de ela decidir desobedecer à voz Deus.

Deus mandou sair e ela quis ficar. Ela saiu correndo fisicamente, mas o coração dela tinha ficado em Sodoma; aí quando ela olhou pra trás sofreu as conseqüências da desobediência. Ela saiu de Sodoma, mas Sodoma não saiu dela.

Por isso precisamos sempre ouvir a voz de Deus. Se Ele mandou sair, não fique.

Talvez Deus já mandou você sair de certos ambientes, mas você está querendo ficar. Deus já mandou você abrir mão de certos relacionamentos que você sabe que é problemático, de certas amizades, mas você insiste em ficar, e isso vai trazer problema pra sua vida, se é que já não está trazendo.

Toda vez que Deus decide te dar uma direção é porque Ele tem o melhor pra você. Ele sabe todas as coisas e quer o teu bem.

Não insista em permanecer em amizades que Deus não quer que você fique ou em lugares que Deus não quer que você fique.

A direção de Deus pra sua vida vai ser melhor do que qualquer coisa que você possa ouvir dos outros. Você está ouvindo mais a voz dos homens do que a voz de Deus.

Se o Espírito Santo está dando a direção para você sair, você pode ter certeza, que o que vem depois vai ser infinitamente maior e melhor pra tua vida. Deus sempre tem algo melhor para os que lhe obedecem.

Ainda que seja doloroso tomar certas atitudes, creia que se você tomar uma atitude naquilo que Deus já direcionou pra você, a recompensa sempre vai ser melhor pra sua vida.

Mensagem 65

Tomar decisões na dúvida pode te levar a lugares perigosos

A bíblia relata com detalhes, no livro de Lucas capítulo 1, versículos 39/48, a visita que Maria fez a sua prima Isabel. Ao chegar naquela residência, Maria saudou sua prima e no momento do cumprimento Isabel sentiu a presença do Espírito Santo dentro dela porque a criança que estava em seu ventre (João Batista) se alegrou.

No mistério dos encontros que marcam a existência humana, jamais se veria cena tão extraordinária, qual seja o encontro invisível de duas crianças ainda no ventre materno.

Naquele momento duas mulheres grávidas e dois meninos privilegiados anunciavam ao mundo que Deus tinha um propósito em suas respectivas vidas e que ficou marcado na história da humanidade.

Observe que Maria não precisou chegar diante de sua prima e falar que estava grávida. Quando ela saudou Isabel, na mesma hora ela foi cheia do Espírito Santo e a criança que estava no ventre dela começou a se alegrar.

Perceba que Deus trabalha com confirmação. Quando as coisas são de Deus elas testificam na hora.

Com isso o Espírito Santo está nos ensinando que quando Deus for fazer algo na tua vida você vai ter a convicção que essas coisas vieram de Deus, porque os sinais vêm na hora.

Deus é um Deus que confirma as coisas e você precisa entender isso, porque às vezes você fica querendo saber qual é a direção Dele sobre certos lugares ou sobre certas coisas que você precisa na sua vida e a bíblia deixa claro que Ele trabalha com confirmação.

Às vezes você precisa de confirmação para entender que Deus está em certas direções. Por isso não se prenda a palavras avulsas que você ouviu e que geraram dúvidas, porque as coisas de Deus não geram dúvidas.

Tudo que pode gerar dúvida dentro de você vai te levar ao pecado e a queda, porque Deus não trabalha com dúvidas ou com meio termo. As coisas de Deus são absolutas e são corretas.

Se você tem dúvidas sobre certas decisões, então logicamente que essa decisão vai trazer problemas para tua vida lá na frente.

Essa passagem bíblica que acabamos de citar acima, nos mostra, além de outras coisas, que Deus trabalha com confirmação. Observe que quando Isabel olhou pra Maria na mesma hora o Espírito Santo confirmou que aquelas crianças era o projeto de Deus na vida delas.

Isso nos ensina que quando as coisas vêem de Deus o Espírito Santo confirma na hora. Não deixa dúvidas.

O diabo é quem trabalha com duvidas, mas Deus trabalha com certeza. Se você tem um mínimo de dúvidas sobre certas coisas que você vai fazer na sua vida então saiba que tem dedo do diabo aí. Não faça, porque tomar decisões na dúvida pode te levar a lugares perigosos.

As escrituras sagradas deixam claro que o diabo trabalha com duvidas desde o jardim do éden, mas Deus trabalha com a certeza.

Mensagem 66

As pedras do caminho

A bíblia diz em Gênesis capítulo 28, versículo 11, que Jacó pegou uma pedra e a fez de travesseiro e dormiu a noite toda em paz. Uma pedra que serviu de travesseiro para o homem de Deus.

Jacó fez das dificuldades uma alternativa de vida. Apesar de estar atravessando um deserto escaldante, quando fugia de seu irmão Esaú, fez daquelas pedras um travesseiro e dormiu tranquilamente.

Hoje, tem gente que está parando por causa de pedras. Tem gente que está deixando de orar por causa das pedras. Tem gente que quer desistir da vida por causa das pedras.

As dificuldades da vida têm feito muitas pessoas desistirem da fé, da igreja e até mesmo da família, mas é justamente sobre isso que o Espírito Santo está nos alertando no dia de hoje. Faça das pedras travesseiros para você dormir, assim como fez Jacó.

Está na hora de você amadurecer a fé e não parar por causa de uma palavra, por causa de uma calúnia ou por causa de uma injustiça que você está sendo vítima.

As pedras não vão mudar para te agradar. Porque a natureza da pedra é ser pedra. A vida não vai mudar por sua causa. É por isso que você se machuca, porque você está querendo que as pedras se transformem em flores. Você está querendo que as pessoas sejam iguais a você, por isso a decepção.

Quando as pedras que estão ao meu redor não mudam, eu mudo a forma como estou lidando com as pedras. Jacó agiu dessa forma. Ele mudou a forma de lidar com as pedras e as aproveitou como se fossem travesseiros.

Você não vai mais desistir dos seus objetivos por causa das pedras. A partir de agora você vai amadurecer e vai fazer delas travesseiros para a sua cabeça. Seja você mesma e não espere que as pessoas mudem.

Você está lutando para que algumas pessoas mudem, mas a natureza de algumas pessoas são pedras, elas nunca irão mudar. Entenda isso!

Tem pessoas que não vão mudar a sua essência, nem muito menos o caráter. Então, já que as coisas que estão ao meu redor não mudam então eu mudo e aprendo a lidar com as coisas como elas são.

Você vai passar a vida inteira se vitimizando por causa de pedras? Aprenda a amadurecer com o tempo que você está vivendo. Quando a situação não puder ser transformada, transforme-se. Não espere que os outros mudem, quando quem tem que mudar é você.

Veja que Jacó amadureceu com o tempo, através das pedras. É sinal que você também precisa madurecer e deixar de ficar colocando a culpa nos outros.

Mensagem 67

A bomba relógio

O ser humano para ser bem-sucedido na caminhada precisa ter nas mãos três tesouros: O Espírito Santo; família e amigos. Esse é o tripé da felicidade.

O Espírito Santo nos dá forças e condições de permanecer firme na fé, na caminhada cristã. Sem Ele é impossível completar a carreira, a jornada da salvação (Lucas 12/12 e Atos 1/8).

Enquanto que sem a família o homem não é nada. A felicidade do ser humano se torna completa quando ele constitui sua família, pois a família é a base de tudo. Foi instituída pelo Próprio Deus (Gênesis 2/24).

Só que com relação ao terceiro tesouro, que são os amigos, precisamos tomar muito cuidado. Ninguém consegue viver isolado do mundo, sem amigos. Todos precisamos, de alguma forma, nos relacionar com as pessoas, constituir amizades, porque sem elas teremos muitas dificuldades no nosso dia-a-dia. É assim que o mundo funciona. Gente dependendo de gente.

Mas é justamente aí que mora o perigo. Apesar de Deus estar disposto a levantar pessoas para nos ajudar na caminhada; pessoas que vão caminhar conosco nas estradas das adversidades, existem também muitos covardes que querem conquistar a nossa amizade.

O covarde quer fazer parte do nosso contexto e quando consegue conquistar a nossa confiança se torna uma pessoa mais perigosa do que os nossos inimigos, por quê?

Porque ele senta na nossa mesa, adquire intimidade. Só que depois que ele consegue ter a nossa intimidade, a nossa confiança, ele se torna uma bomba relógio.

Mas como descobrir quem são essas pessoas, essas bombas relógios? É simples. O covarde é mau filho; ele maltrata pai e mãe; o falso é mentiroso, sempre inventa histórias para tentar nos enganar e nos iludir. Faz-se de amigo, mas é pessimista.

Você vai observar que no seu ciclo de amigos sempre tem um que é especialista em jogar você pra baixo; é especialista em colocar dificuldades em relação aos projetos que Deus colocou em seu coração.

Observe o que Deus escreveu no livro de Isaias 41, vers. 10: **"não temas porque eu sou contigo; não te assombres porque eu sou o teu Deus; eu te fortaleço, te ajudo e te sustento com a destra do meu poder. Vai nessa tua força porque eu sou contigo".**

Siga firme na caminhada sendo um valente, mas fique ligado; abra os olhos e fique atento com o amigo bomba relógio que está do teu lado e que está tendo acesso à tua intimidade, à tua casa. Que o Espírito Santo te dê o discernimento correto.

Mensagem 68

Nem todo mundo tem a mesma maturidade espiritual que a sua

Certo dia, Jesus parou para descansar próximo a uma fonte de água, quando em dado momento apareceu uma mulher samaritana, com a finalidade de retirar a água para levar para a sua casa.

Como os discípulos haviam ido até a cidade comprar alimentos, Jesus então pediu que a mulher lhe desse um pouco de água, mas a mulher não conseguia entender o fato de Jesus ter lhe dirigido à palavra, porque os judeus não tinham nenhum tipo de relacionamento social com os samaritanos.

Jesus sabia que aquela mulher samaritana era adúltera e por isso começou a pregar o evangelho da salvação para ela, através de uma linguagem bem suave, para não chocá-la, porque ela, logicamente não tinha a mesma maturidade espiritual de Jesus.

A verdade é que Jesus desceu ao nível espiritual daquela mulher para conseguir resgatá-la do pecado, como de fato o fez, porque a bíblia diz que aquela mulher abandonou o seu sexto relacionamento extraconjugal para seguir Jesus. Essa narrativa pode ser conferida no capítulo 4 de Lucas.

Essa história inusitante nos traz uma reflexão: em algumas vezes, para que as pessoas sejam alcançadas pelo evangelho, você vai precisar descer a certos níveis de conversas para que outras pessoas consigam alcançar a Jesus.

Não adianta trazer coisas profundas para pessoas que ainda são simples na fé e não experimentaram nada de Jesus. Não adianta, do seu jeito, empurrar o evangelho de goela abaixo na cabeça dos outros.

Observe que Jesus desceu até o nível de conversa da samaritana, mostrando que a água que Ele tinha para oferecê-la era muito melhor do que a água daquele poço. A conversa da samaritana até aqui era carnal, mas a conversa de Jesus era espiritual.

Não tem como você conversar coisas espirituais com gente que ainda é carnal. Não adianta você ficar tentando mostrar o teu nível de coisas espirituais com gente que ainda não está na mesma mentalidade que você. Você vai perder seu tempo, porque essa pessoa não vai conseguir te acompanhar.

Pessoas carnais não entendem coisas espirituais. Veja como você está conversando. Tem hora que a gente tem que aprender com Jesus. Ir até o nível mais baixo, para mostrar para a pessoa a profundidade das coisas espirituais.

Haverá momentos que você vai precisar usar de estratégias, de sabedoria, ter discernimento de não falar tudo aquilo que você conhece, para que a pessoa acompanhe as coisas profundas que Deus quer falar.

Veja como foi à abordagem e a conversa de Jesus com a mulher samaritana. Aos poucos Ele conseguiu fazê-la entender que a água que Ele se referia era a água da vida, a salvação eterna, mas ela demorou um pouco para entender porque ainda não tinha estrutura suficiente para tal.

Não queira empurrar o evangelho de goela abaixo na cabeça dos outros. Isso não é inteligente. Aprenda com Jesus e saiba respeitar o tempo das pessoas. Não seja inconveniente.

Respeite o limite do seu próximo.

Mensagem 69

Reedificando os muros

No livro de Neemias capítulo 2, versículo 17, a bíblia diz que o profeta convocou o povo e disse: **"venham, vamos reedificar os muros de Jerusalém para que não fiquemos mais nessa situação"**.

Neemias tinha encontrado Jerusalém completamente arrebentada. A cidade, os muros; tudo havia sido destruído, tudo estava queimado.

Mas Neemias não se curvou aos problemas; ele não desistiu. Ele acreditou, arregaçou as mangas e se posicionou para reedificação daquele lugar.

Hoje, tem muita gente que estacionou no tempo por causa dos problemas e das adversidades. Tem gente que perdeu as forças e não mais acredita em uma solução para os seus problemas. O povo de Israel também se encontrava nessa situação, mas Neemias mudou a história daquele lugar.

O Espírito Santo está mostrando, através desta mensagem, que você precisa tomar a atitude de Neemias. Você tem que levantar a cabeça, sacudir a poeira e dar a volta por cima. Chegou a hora de você reedificar a sua casa.

Chegou a hora de você reedificar a sua família; chegou a hora de você reedificar a sua vida; chegou a hora de você reedificar aquilo que foi destruído pelo diabo. Essa é a direção de Deus para você no dia de hoje.

Se posicione em Deus, porque Ele vai lhe dá todas as ferramentas e recursos necessários para você reedificar a sua história.

O capítulo 6 mostra que Neemias conseguiu reedificar os muros de Jerusalém. Isso nos faz entender que da mesma maneira você pode conseguir também reedificar a tua vida. E aquele que duvidou vai ver a glória de Deus sobre a tua história.

Nunca desanime, nunca desista e nunca se esqueça que nós somos mais que vencedores em Cristo Jesus.

Reedificar. Essa é a ordem do dia.

Mensagem 70

Começar de novo

171

A vida cristã é feita de novos começos, e a Palavra de hoje é voltada nesse sentido.

A bíblia diz que se alguém está em Cristo nova criatura é, e as coisas velhas ficaram para trás e tudo se fez novo (2ª Coríntios 5/17). Em Romanos 8/1 diz que não há mais condenação para quem está em Cristo Jesus.

O recomeço é o caminho de uma nova vida, pois esquecemos o que fomos no passado, deixamos de ser o que era entes, para seguir Jesus, o filho de Deus.

Quantas vezes ficamos chateados pensando até em parar porque achávamos que não tinha mais jeito? São situações como essas que muitas vezes nos levam ao chão e nos causam tristezas.

Mas precisamos ter em mente que nunca é tarde para recomeçar, porque o verdadeiro arrependimento abre o caminho para um recomeço. Qualquer um que deseja ter um novo recomeço de vida, deve se arrepender de seus pecados e se voltar para Jesus.

A bíblia é recheada de exemplos de homens e mulheres que tiveram um recomeço:

Davi pecou ao assassinar o seu soldado de confiança para ficar com sua esposa Betsabá e Deus lhe concedeu a chance de recomeçar (2ª Samuel 11);

Jacó traiu o seu irmão Esaú e lhe roubou a benção da primogenitura, mas teve a oportunidade de um recomeço (Gênesis 27);

A mulher adúltera que foi pega em ato flagrancial e que foi perdoada por Jesus (João 8);

O apóstolo Pedro, que traiu Jesus por três vezes, mas mesmo assim teve um recomeço (Lucas 22);

O soldado Saulo, maior perseguidor da igreja de Cristo, teve um novo recomeço e foi considerado um dos maiores apóstolos da igreja cristã (Atos 9);

Zaqueu, o coletor de impostos que roubava os contribuintes, mas teve um novo recomeço, pagando o preço de ter que restituir todas as vítimas (Lucas 19).

Esses são alguns exemplos de pessoas que tiveram um novo recomeço e que o Espírito Santo restaurou suas vidas. Pagaram o preço, mas seguiram em frente.

Se você foi reprovado, você precisa voltar lá no ciclo onde você quebrou, e recomeçar. É isso que o Espírito Santo está nos ensinando hoje.

Tem muita gente querendo começar de novo, no entanto, não quer ter que lhe dá com as consequências dos seus próprios erros. Se você quer experimentar a graça e a misericórdia que Deus oferece, você precisa entender que não está isento das consequências dos seus erros.

O fato de o seu pecado ter sido perdoado não significa que você vai ficar imune as consequências. Todos os personagens citados acima pagaram o preço do recomeço. Por isso, quem vai começar de novo tem que estar ciente de que vai enfrentar as consequências.

Veja que Zaqueu enfrentou as consequências do recomeço. Ele restituiu todas as pessoas que ele havia fraudado.

Talvez você tenha que restituir algo que foi tirado indevidamente de alguém. Talvez você tenha que pagar o preço de pedir perdão aquela pessoa que você ofendeu no passado. Para recomeçar é preciso fazer o que tem que ser feito.

Deus está te dando uma oportunidade e está mostrando que você precisa recomeçar; que há uma saída para a sua vida, mas que você precisará fazer a sua parte.

Começar de novo não é apenas o arrependimento e o conserto da relação com Deus; é buscar em Deus uma oportunidade de cumprir a missão que havíamos abortado.

Deus tem chamado você para ser parte do seu exército. Que você possa recomeçar de novo com Deus não apenas se reconciliando, mas se dispondo a cumprir a missão que um dia lhe foi confiada.

Mensagem 71

Cuidado com as suas escolhas

Cuidado com as suas escolhas. Cuidado com suas decisões, porque as escolhas que podem trazer felicidades para você são as mesmas que podem ocasionar muita tristeza para o teu coração.

Cuidado com os caminhos que você decide escolher para sua vida, porque esses mesmos caminhos podem te levar à vida ou podem te levar à morte (Provérbios 14/12).

Existem caminhos que parecem muito bons, decisões que parecem ser perfeitas, mas no final, elas podem te levar para a morte.

Você tem o direito de escolher aquilo que você quer para sua vida, mas a partir do momento que você decide, vai se tornar escravo das suas decisões, você vai viver as consequências daquilo que escolheu.

Pense duas vezes qual caminho que você quer seguir. Não viva por sua vontade, procure ver aquilo que Deus tem para sua vida. Nem sempre as nossas vontades são as mesmas de Deus. Não se precipite.

Você tem o livre arbítrio, o direito de decidir aquilo que você quer para sua vida, mas às vezes é melhor abrir mão desse livre arbítrio para algumas coisas, pra decidir viver a vontade de Deus.

Para que as nossas decisões estejam de acordo com a vontade de Deus, é preciso haver cautela, é preciso buscar a direção Dele.

Às vezes o cenário parece estar propício; às vezes parece que a decisão é bacana e que o caminho é um caminho de perfeição, só que o final desse caminho é um final que vai te levar para longe de Deus.

Paute as suas decisões mediante aquilo que Deus estabeleceu para a sua vida. Não viva pelos seus conceitos, pelas suas vontades, pelas suas decisões, porque você pode sofrer muito por causa delas.

É a através da bíblia que Deus fala com a gente. Quando você ler a Palavra, quando você medita na Palavra, com certeza o Espírito Santo vai te mostrar aquilo que você precisa fazer.

Entretanto, quando você deixa de ler a bíblia você está calando a boca de Deus na sua vida e, por conseguinte, passa a tomar atitudes de acordo com a sua vontade e é por isso que as coisas estão dando erradas.

É a Palavra de Deus que vai nos dar a direção correta, a sabedoria e o discernimento, acerca do caminho que devemos escolher. É através da Palavra que iremos ter o entendimento se a decisão que iremos tomar vai nos levar para um caminho de vida ou se vai nos levar para um caminho de morte.

Portanto, escolha viver pelo direcionamento da vontade de Deus, porque só assim você terá uma vida de vitórias e evitará as decepções desnecessárias. Fique atento ao recado do Espírito Santo.

Os dois tipos de aflições

Há mais de dois mil anos atrás Jesus falou: **"No mundo tereis aflições, mas tende bom ânimo, eu venci o mundo"** (João 16/33). Isso significa que enfrentaremos dores e passaremos por tristezas.

Mas precisamos nos preocupar qual será a raiz dessa dor, a raiz dessa tristeza. Porque quem passa por aflições por causa <u>de rebelião, por causa de mau-caratismo</u>, provavelmente essas tristezas tendem a aumentar e talvez até um dia destruir a vida da pessoa.

Mas quem passa por <u>aflições por causa da fidelidade, do amor e da comunhão com Deus</u>, com certeza um dia experimentará dupla honra. Um dia será honrado pelo Deus vivo. Essa é a promessa contida em 1ª Coríntios 4, versículos 16/18.

<u>A aflição de Maria:</u>

A bíblia diz que existia uma moça chamada Maria, que ainda muito jovem, ficou noiva de um rapaz chamado José. E antes do casamento o anjo apareceu para ela e disse: "Deus vai engravidar você; você carregará no seu ventre um filho e será obra do Espírito Santo".

Não se tem nenhum relato na bíblia sobre a idade de Maria quando engravidou do Espírito Santo, mas alguns teólogos e historiadores afirmam que sua idade era entre 12 e 14 anos.

A bíblia também não revela a idade de José, quando da gravidez de Maria, portanto, devia ser um homem maduro o suficiente para assumir a responsabilidade de ser um pai de família, protetor de Maria e do menino.

Pois bem. Quando José percebeu que ela estava grávida planejou deixá-la secretamente para não a prejudicar. Imagine a dor no coração deste rapaz querendo ser fiel a Deus; imagine também a dor no coração de Maria, tendo que passar por este momento de aflição em sua vida.

Por que a aflição? Porque se as pessoas descobrissem que ela estava grávida, naquela idade, antes do casamento, poderiam apedrejá-la até a morte, conforme estava previsto na lei judaica.

Acontece que, quem passa por dor por causa da fidelidade a Deus, um dia experimentará dupla honra. Foi o que aconteceu na vida de Maria e de José. Suportaram aquela aflição momentânea e foram honrados. Até hoje são reconhecidos por terem feito parte do plano de Deus, trazendo ao mundo o salvador da humanidade.

A aflição de Judas:

Por outro lado, existiu também um jovem chamado Judas, e este infelizmente resolveu colocar as próprias ideias acima das ideias de Deus e olha só como terminou a vida desse rapaz. Passou por uma aflição terrível que resolveu tirar a própria vida em uma forca.

Todo mundo conhece o final da história de Judas. Sofreu a dor da aflição por causa da rebelião. Esse tipo de aflição, diferente da que passou Maria e José, acabou com a vida de Judas.

Jesus disse que todos nós passaremos por aflições, conforme vimos em João 16/33, contudo, o Espírito Santo nos revela, através desta mensagem, acerca dos dois tipos de aflições.

Se a aflição que você está vivendo é por causa de sua fidelidade a Deus, assim como Maria e José, fique firme e espere, porque com certeza a hora da sua vitória vai chegar.

Mas se você está sofrendo porque infelizmente deu um passo em falso em sua vida, como no segundo exemplo, arrependa-se, porque o arrependimento verdadeiro atrai a misericórdia de Deus e Ele vai te fazer nascer de novo e te dar novas oportunidades.

Fique firme. O sofrimento não vai te destruir. Ele é simplesmente uma escola para que você se prepare para coisas maiores que Deus quer fazer na sua vida. Toda aflição é passageira quando nós estamos andando com Deus.

A melhor roupa, o anel e as sandálias

Lucas capítulo 15, versículo 22, mostra a volta do filho pródigo para a casa do pai. Você já conhece história: o filho mais novo que pediu a antecipação de sua herança para o pai e foi embora viver dissolutamente.

O tempo passou e ele perdeu tudo o que tinha e chegou a ponto de comer a lavagem dos porcos que ele tomava conta.

Entretanto, quando chegou ao fundo do poço, a ficha caiu, e ele decidiu voltar pra casa do pai. E esse versículo mostra justamente o momento que ele está sendo recepcionado pelo pai.

É importante salientar, que devido à tremenda besteira que ele havia feito, ele achava que não iria ser bem recebido pelo pai. Tanto é que ele deixou claro, no versículo anterior, que não era digno de ser chamado de filho.

Ele voltou com a intenção de trabalhar para o seu pai, porque estava na miséria e não tinha nem o que comer. Mas quando ele se aproximou, o pai mandou trazer depressa a melhor roupa, o anel e as sandálias. E cada um desses elementos tem um significado espiritual diferente:

1) A melhor roupa representa a justificação. Com novas vestes ele foi justificado e recobrou a aparência de filho. Deixou de se parecer como um mendigo.

2) o anel sobre o seu dedo representa a autoridade. Com a recolocação do anel o jovem teve sua autoridade de filho restabelecida e;

3) as sandálias representam o poder de filho. Naquela época quem andava descalço era escravo, só que esse filho não era escravo, por isso o pai mandou colocar sandálias sobre seus pés.

Hoje não é diferente. Muitas pessoas estão longe da casa do Pai, mas o Espírito Santo está nos mostrando que pra tua vida tem jeito. Se você se encaixa nas mesmas condições desse filho pródigo, não hesite em voltar para a casa do Senhor.

Não fique preocupado com o que os outros vão falar. O filho pródigo não estava nem aí para o que o seu irmão iria falar. Não estava nem um pouco preocupado com o que os empregados do pai iriam pensar a seu respeito. Ele estava precisando de ajuda e por isso estava decidido.

O diabo constantemente tem o costume de ficar acusando o teu passado, as coisas erradas que você já fez, mas sempre que o diabo acusar o teu passado mostre pra ele qual é o futuro dele, conforme está escrito em Romanos 16/20.

O pecado quer tirar a tua identidade, roubar a imagem de Deus que está em você; quer tirar você do propósito de Deus, só que Jesus coloca sandálias sobre os seus pés para dizer que você nunca foi escravo, você sempre vai ser filho de Deus.

Receba aí, agora mesmo, espiritualmente falando, a melhor roupa pra ser justificado, o anel pra ser restituído e sandálias pra ter de volta a identidade de filho do Deus Altíssimo.

Não perca tempo. Só depende de você. Jesus está com saudades de ti.

Mensagem 74

Os degraus

Somos uma obra incompleta. Deus ainda está trabalhando em nossas vidas. Às vezes não da maneira que gostaríamos, mas Ele está trabalhando em nossas vidas.

<u>Talvez você se olha no espelho e diz:</u> Meus Deus, o que é que está acontecendo com minha vida? Por que as coisas não estão dando certo?

Se você serve a Deus, saiba que todas as coisas cooperam para o seu bem (Romanos 8/28). Entretanto, você precisa entender que a vida é como uma classe de aula, cada coisa vem no seu devido tempo; cada conquista vem depois que somos vitoriosos nas provas que o próprio Deus prepara para cada um de nós.

Precisamos passar pelos degraus da vida. Eles são as etapas, os empecilhos que devemos enfrentar para chegar ao ponto em que desejamos. Seja no trabalho, no amor, na vida social, na amizade, não importa exatamente onde e nem o motivo.

É bem verdade que nem tudo na vida acontece no tempo que desejamos, cada degrau é único, e às vezes, para subir um só, demoramos muito mais do que imaginamos. Temos que ter paciência (Eclesiastes 3).

Quando você se deparar com degraus difíceis, lembre-se que seria pior ter que escalar montanhas. Subir degraus é bem menos complicado.

Por pior que seja o momento da vida que você está enfrentando, pode ter certeza, ele poderia ser ainda mais complicado se você não tivesse a consciência de que tudo coopera para o bem dos que são filhos de Deus.

Nada acontece por acaso; tudo tem a permissão de Deus (Lucas 12/7). Por isso, quando você estiver diante dos degraus da vida, não perca tempo tentando contá-los ou observá-los de como são altos, estreitos e difíceis de encarar.

Olhe para eles e diga que você é capaz de chegar ao topo, e depois siga em frente, subindo um de cada vez. Não tente saltar um degrau para evitar a queda. O melhor mesmo é seguir o fluxo natural da vida.

Mensagem 75

O significado da oração do pai nosso

Você sabia que muitas pessoas não sabem o significado da oração do pai nosso? As pessoas oram ou rezam de uma maneira automática e não sabem do poder que tem essa oração.

A oração do pai nosso foi criada pelo Senhor Jesus no livro de Mateus 6, versículos 9/13, desta forma: **"Pai nosso, que estás nos céus, santificado seja o teu nome, venha a nós o teu reino, seja feita a tua vontade, assim na terra como no céu, o pão nosso de cada dia dá-nos hoje; e perdoa-nos as nossas dívidas, assim como nós temos perdoado aos nossos devedores; e não nos deixe cair em tentação; mas livra-nos do mal; pois teu é o reino, o poder e a glória para sempre; amem"**.

Diante do que consta no texto bíblico, podemos destacar seis aspectos contidos nesta oração, <u>são eles:</u>

1)   <u>**Pai nosso, que estás nos céus:**</u>

Significa que se você quer ser abençoado precisa entender que existe um Pai que está no céu e que não é só seu, o Pai é nosso. Você precisa compreender que todos que recebem o Senhor Jesus como o Senhor de suas vidas, Deus concede o poder de serem feitos filhos Dele.

Essa primeira parte da oração nos ensina que existe um Pai lá no céu que é de todos.

2)   <u>**Santificado seja o teu nome:**</u>

Quem quer ser abençoado por Deus precisa ter um comportamento que levem as pessoas entenderem que Ele é Santo. Infelizmente, às vezes, a pessoa está até na igreja, canta, prega, levanta a mão, diz aleluia pra cá, aleluia pra lá, mas o comportamento envergonha a santidade do Altíssimo.

O nome de Deus é Santo e por isso você não pode nunca jurar pelo nome Dele e nem tampouco ter um comportamento que possa envergonhá-lo.

3)   Venha o teu reino, seja feita a tua vontade, assim na terra como no céu:

Significa que existe um reino lá no céu ao qual devemos nos submeter, para que Jesus possa entrar em nossas vidas. Significa que a vontade de Deus é que deve prevalecer e não a nossa.

Infelizmente existem algumas pessoas que não aceitam o que vem do céu para a vida delas; não aceitam a vontade de Deus. A bíblia diz que Deus é o oleiro e nós somos o barro, a criatura.

Só que têm pessoas que estão achando que elas é que são o oleiro e Deus é que é o barro. As pessoas não querem se submeter a vontade de Deus e mesmo assim oram o pai nosso.

4)   O pão nosso de cada dia dá-nos hoje:

Deus nos ensina que devemos pedir a Ele o pão de cada dia. Significa as lutas diárias que iremos enfrentar para trazer o sustento para a nossa família. As labutas da vida financeira.

Ele nos ensina que não devemos ficar preocupados com o dia de amanhã, pois cada dia terá a sua história. Não sabemos se estaremos vivos no dia seguinte, por isso Ele nos ensina a nos preocupar com o dia que se chama hoje.

Ele suprirá todas as nossas necessidades, desde façamos a nossa parte.

5)   Perdoa-nos as nossas dívidas, assim como nós temos perdoado aos nossos devedores:

Isso aqui é muito sério porque deixa muito claro que quem não perdoa não alcança o perdão de Deus. Não perdoar é como colocar um guarda-chuva sobre a cabeça impedindo que o perdão de Deus chegue até a sua vida.

Olha a condicionante: Jesus disse que Deus vai nos perdoar da mesma maneira que perdoarmos a quem nos ofendeu. Se você não perdoa a quem lhe fez mal, logicamente não vai receber o perdão de Deus.

É o que está escrito (versículos 14 e 15); é a lógica; não tem para onde correr.

6)   E não nos deixe cair em tentação, mas livra-nos do mal; pois teu é o reino, o poder e a glória para sempre, amem:

Aqui Ele deixa muito claro que se as mãos de Deus não nos sustentar, não conseguiremos ficar de pé. Significa que devemos vigiar para não cair nas tentações da vida.

Cada ser humano tem seu ponto fraco, por isso deve vigiar para não entrar em tentação. Deve fugir do pecado para não correr o risco de ter que bater de frente com o mal, com as consequências do pecado.

Significa que devemos pedir a misericórdia de Deus todos os dias. Nunca se ache o super-homem ou a super mulher. Essa parte da oração deixa claro que é a misericórdia de Deus que nos sustenta e nos livra de todo o mal.

Deixa claro ainda, que só Deus tem o poder para nos guardar e nos proteger das adversidades da vida.

A oração do pai nosso é tão poderosa que a maioria das pessoas não sabe disso. Mas ela só tem efeito se cada um de nós colocarmos em pratica aquilo que ela nos ensina.

Lamentavelmente muitas pessoas ainda agem como aqueles religiosos que Jesus ensinou a orar em Mateus capítulo 6. A maioria das pessoas reza ou oram sem nem saber o que estão falando; não prestam atenção no que estão dizendo; usam palavras repetidas, da boca para fora, que não muda em nada suas vidas. Oram ou rezam só para serem vistas, para chamar a atenção e não foi assim que Jesus ensinou.

Toda oração tem sentido e o pai nosso foi só um exemplo que Jesus deixou para praticarmos. Pense nisso.

Mensagem 76

O processo é necessário

187

Quem foi Davi antes de enfrentar Golias? (1ª Samuel, a partir do capítulo 16).

Quem era José antes de passar pela prisão? (Gênesis, a partir do capítulo 37).

Quem foi Sansão antes de enfrentar os inimigos? (Juízes, a partir do capítulo 13).

Quem foi Sadraque, Mesaque e Abedenego antes de passar pela fornalha? (Daniel, a partir do capítulo 3).

Quem foi Daniel antes de enfrentar a cova dos leões? (Daniel, a partir do capítulo 6).

Quem foram esses homens antes de passar por grandes processos em suas vidas?

Existe coisas que Deus permite você passar, para que Ele revele, dentro do processo, o propósito que Ele tem para estabelecer na sua vida. Você vai se tornar grande e vai ver a promessa de Deus se cumprir na sua vida, quando você entender que o deserto, a fornalha e a cova dos leões, fazem parte do processo.

O deserto vai servir para te projetar. A fornalha vai servir para te projetar. As lutas vão servir para te projetar, assim como aconteceu na vida desses homens do passado.

Talvez você não entenda o que você está passando agora, mas tudo o que você está passando vai cooperar para te levar a um lugar que você jamais pensou em chegar.

Se não existir o processo, você vai continuar dentro de uma zona de conforto, com a mesmice de vida, e nunca sairá do lugar onde está. Por isso Deus permite o processo e as lutas.

José jamais seria governador do Egito se não passasse pela prisão. Daniel certamente não conseguiria ser um dos grandes presidentes, um grande representante dentro da babilônia, se ele não passasse pelo processo da cova dos leões. Sansão não seria tão conhecido se não vencesse um exército, se ele não vencesse os inimigos.

Todos esses homens tiveram que passar por guerras, por processos, por lutas, para alcançarem coisas grandes de Deus. Para chegarem em lugares de destaques.

Deus tem grandes promessas para sua vida. Por isso você deve estar preparado para a cova; deve se preparar para o deserto; deve estar preparado para a fornalha. Você deve estar preparado para o processo.

Mas entenda que tudo o que você vier a passar, vai servir para te projetar; vai servir para que você chegue na promessa e no propósito que Deus estabeleceu para a sua vida.

Essas lutas que você está passando vão te levar para a promessa, para o propósito, para que o nome do Senhor Jesus seja glorificado na sua vida. Lá na frente você vai entender o motivo do por que Deus permitiu você passar por todo esse processo.

Existem pessoas que só vão chegar a certos lugares se passarem pelo deserto e pelo processo. Isso tudo faz parte. Não reclame, apenas creia e persevere na fé.

É doloroso passar pela fornalha; a gente sofre ao passar pela cova dos leões, mas tudo isso faz parte do processo. Deus nos dá forças e nos sustenta para permanecermos de pé, até o último momento que a promessa se cumpra sobre a nossa vida.

Permaneça fiel no propósito.

Mensagem 77

Depois da decepção vem o milagre

A bíblia diz no evangelho de Lucas capítulo 5, que Simão Pedro tinha vindo de uma pescaria fracassada. Ele havia passado a noite inteira no mar e não havia pescado nada. Porém, quando ele estava na praia, lavando as redes, recebeu uma ordem de Jesus para voltar para o mar e lançar as redes novamente.

Simão era um pescador experiente e estava decepcionado porque havia passado a noite inteira trabalhando e não havia pegado nenhum peixe sequer. Uma noite de trabalho perdida, sem resultados.

Mas a bíblia diz ainda, que Jesus deu uma ordem, aparentemente sem lógica: Ele mandou Simão Pedro voltar para o lugar da frustração. Mandou-o voltar para o lugar onde ele havia passado a noite inteira sem apanhar nada e lançar as redes novamente. Observe esse detalhe.

Como Jesus mandou, Simão voltou para o mar, lançou as redes novamente e viveu a maior e melhor pesca da vida dele como pescador. Essa história você já deve ter ouvido falar.

Mas o que isso tem a ver conosco no dia de hoje? Tudo! O Espírito Santo está nos ensinando, através dessa passagem bíblica, que depois de uma frustração pode vir um grande milagre na nossa vida.

Observe que tem muita gente que tem o costume de desistir muito fácil das coisas. Tem muita gente que desiste de tudo por causa de uma decepção, mas é justamente sobre isso que o Espírito Santo está nos ensinando: Você pode viver o maior milagre de sua vida, após uma noite de desilusão.

Após a pior noite de Simão Pedro, ele viveu a melhor experiência com Jesus através de uma pesca milagrosa. Toma posse dessa revelação aí, agora, em nome de Jesus!

Às vezes você está querendo desistir porque ontem foi difícil, mas você não tem ideia do que Deus está preparando hoje para você. É isso que o Espírito Santo está dizendo, não desista.

Pode não ter dado certo ontem, mas hoje vai dar certo. Se liga no poder dessa palavra!

Quem sabe até você já desistiu de um novo relacionamento só porque o outro te trouxe muita decepção, mas Deus está dizendo que a próxima pessoa que você encontrar vai ser a pessoa que vai te fazer mais feliz nessa vida. É assim que Deus trabalha. O mundo de Deus é diferente do nosso.

A noite de ontem pode ter sido frustrada, mas o dia de hoje vai ser o melhor de todos os tempos. Essa é a palavra que vem dos céus para a tua vida. Se você crer e tomar posse, é lógico!

Mensagem 78

Tem coisas que já estão estabelecidas na vida – teremos que passar

Antes de Jesus ser preso pelos soldados romanos Ele se dirigiu ao Jardim do Getsêmani para orar com os seus discípulos e, prevendo a situação nefasta que iria enfrentar horas mais tarde, implorou a Deus para que o livrasse de beber aquele cálice de morte que lhe estava predestinado.

Ele suplicou, mas Deus não lhe respondeu e, por conseguinte, não o livrou da crucificação. <u>Ele disse:</u> **"Pai, se possível for passa de mim esse cálice. Todavia, não seja feita a minha vontade, mas como tu queres".** (Mateus 26, versículos 36/39).

Tem coisas que precisamos viver. Tem situações que você vai ter que passar. Se o próprio Deus não livrou Jesus de passar pela cruz, você pensa que Ele vai nos livrar de passar pelas adversidades da vida? Lógico que não.

Se o próprio Deus não livrou Jesus de passar pelas tentações da vida (Lucas 4), você acha que não vai passar também por provações? Se você pensa dessa forma, está completamente enganado.

Jesus está deixando claro no texto que citamos no início dessa mensagem, que haverá situações que precisamos passar, não tem jeito. Não é falta de poder e nem de autoridade Dele. Ele tem autoridade, mas a gente vai ter que passar que enfrentar o dia mau. Faz parte da caminhada (Efésios 6/13).

Esses questionamentos que você tem eu já tive, mas a Palavra de Deus nos mostra que não tem jeito, todos nós um dia teremos que passar pelo vale da sombra da morte. A diferença é com quem você vai passar (Salmos 23/4).

Deus não nos impede de entrar na cova dos leões, <u>Ele nos tira na cova</u> (Daniel capítulo 6). Jesus não nos impede de entrar na fornalha, <u>Ele nos tira na fornalha</u> (Daniel, capítulo 3). O mundo de Deus é diferente do nosso. Você não quer entender isso, mas não tem como mudar os planos e desígnios do Criador.

Já que Deus não nos impede de viver algo que não queremos, então temos que pedir para que Ele nos dê estrutura para enfrentarmos toda e qualquer situação adversa. Pode ter certeza que se invocarmos a Deus, Ele vai nos responder e nos tirar da angustia (Salmos 50/15).

Não importa o tipo de angustia que você esteja passando. Não importa o tipo de aflição que tem tirado a tua paz, se você não tem "rabo preso" com o diabo, se a sua consciência está limpa, pode clamar a Deus que Ele vai te socorrer (1ª João 3, versículos 21/22).

Ele nos fortalece quando passamos pelas adversidades. Ele nos dá graça para suportar as provações. Foi o que Deus disse para Paulo quando Paulo lhe pediu por três vezes para arrancar o espinho da carne, <u>mas Deus lhe respondeu:</u> "Paulo a minha graça te basta, porque o meu poder se aperfeiçoa sobre as suas fraquezas". (1ª Coríntios 12, versículos 7/10).

Paulo queria que Deus o livrasse do espinho, mas Deus lhe mostrou que era necessário ele viver o espinho, porque se ele não vivesse o espinho não viveria a graça, porque a graça é revelada por causa do espinho.

Tem coisas que você vai ter que passar para entender o propósito que Deus está estabelecendo sobre a sua vida. Isso não quer dizer que você vai se conformar, pelo contrário, é a fé que te dará suporte para enfrentar toda e qualquer situação estabelecida durante a tua jornada aqui na terra.

Traumas do passado

Tem muita gente que vive presa às feridas do passado e até hoje não consegue se libertar desse trauma. Uma decepção amorosa; um trauma sofrido na infância, enfim, uma cicatriz profunda marcou a sua alma, que até hoje lhe tem tirado a paz.

O Salmo 34/18 diz que perto está o Senhor dos que têm o coração quebrantado e Ele livra os que estão com o espírito angustiado.

No meio de nossas aflições, no meio de nossas dores; no meio das nossas lágrimas, o Senhor está bem perto de nós. É isso que o Espírito Santo está nos mostrando nessa palavra.

Você não tem ideia de como o Senhor está perto de tuas aflições e é por isso que você tem deixado essas feridas ficarem maiores do que de fato elas são. O tempo, ao invés de curá-las, fez com que aumentasse de tamanho, por isso você ainda se encontra preso ao passado de amargura.

Talvez você não tenha dado espaço para o Senhor Jesus liberar uma cura para você. O Senhor tem poder de restaurar as feridas da tua alma e de cicatrizá-las. É o que diz o Salmo 34/18.

A bíblia diz que o rei Davi cometeu um gravíssimo erro ao tomar para si, a mulher do seu soldado de confiança, depois de ter tramado a sua morte. Apesar de ter pagado preço altíssimo por essa abominação, Davi ficou uma eternidade apegado ao erro do passado, as feridas da alma.

Os traumas do passado ficaram marcados por um longo período na vida de Davi até que um dia ele resolveu se libertar e tocar a vida em frente. Davi superou os traumas do passado e teve a sua vida restaurada por Deus. O mesmo você deve fazer livrar-se das amarras do passado.

O Senhor quer te devolver o sorriso e a esperança; fazer com que você volte a acreditar que os projetos Dele para a sua vida podem sim acontecer. Você pode ser feliz de novo; você pode ter uma família abençoada, um casamento feliz. Saia desse quarto escuro.

Não é porque as coisas deram erradas no passado que vão continuar dando erradas para sempre. Use a inteligência. Deus quer que você acredite nisso. Você precisa acreditar que Ele está perto e tem poder para te conduzir ao futuro de glória e de vitórias.

Jesus é a vacina que vai curar esses traumas, mas para isso você precisa fazer a sua parte. Vomite esse vírus do rancor, da dúvida e do medo. Liberte-se de tudo que te aprisiona ao passado e que tem entristecido a tua alma. Eis que tudo se faz novo a partir de agora.

Se Deus está perto, então não tema a nada. Acredite; Ele tem um futuro diferente e melhor para a sua vida. Liberte-se dos traumas do passado. O Senhor está perto e a sua história vai mudar.

Mensagem 80

Quem é você dentro do vale?

Ezequiel 37 relata uma experiência que o profeta Ezequiel teve com o Senhor. Deus o levou para dentro de um vale que estava cheio de ossos sequíssimos e lhe revelou duas coisas:

1) o estado espiritual de Israel, porque aqueles ossos representavam a vida espiritual do povo de Israel, que estavam cansados, fracos e desanimados (versículo 11).

2) pra ensinar o profeta e impulsioná-lo a profetizar diante de ossos secos. Deus levou o profeta para dentro desse vale para que ele aprendesse a exercitar a fé e fosse usado, de alguma forma, para levantar a vida espiritual daquele povo (versículos 12/14).

Observe que dentro desse vale existem três personagens: **Deus, o profeta e os ossos.** <u>E o Espírito Santo nos faz a seguinte pergunta:</u> quem é você dentro desse vale? Ezequiel, que profetiza sobre os ossos ou você é a figura dos ossos que estão sequíssimos e que estão em um estado espiritual destruídos?

Se você representa o profeta dentro desse vale, você precisa aprender a profetizar. Foi justamente pra isso que Deus levou Ezequiel pra dentro do vale, para profetizar sobre os seus irmãos, pra ajudar quem estava caído. Isso quer dizer que Deus não te levantou para você ficar pisando em quem está caído. Estenda as mãos e ajude os que estão perdidos.

Mas quem sabe você representa um desses ossos secos que está cansado, quebrado e sem forças; que está morto espiritualmente e não consegue mais caminhar na fé?

Alguma coisa aconteceu e te fez perder a fé. O tempo passou e você foi caindo, se esfriando, se entregando as circunstâncias, até que a sua fé atrofiou e você se tornou sequíssimo, igual os ossos do vale.

Hoje você não consegue mais orar ou ler a bíblia; não consegue mais se levantar e por mais que você saiba o que tem que fazer e como fazer, você não tem forças pra fazer, porque a verdade é que dentro desse vale você têm sido ossos.

Os problemas do cotidiano fizeram você perder a fé e não acreditar mais em nada. Você até diz que acredita em Deus, mas não tem mais forças pra segui-lo. Perdeu vida, perdeu carne, perdeu pelo, perdeu nervo, virou osso seco.

Você está tanto tempo nesse estado de fraqueza espiritual que a Palavra de Deus não gera mais temor na tua vida como gerava há uns anos atrás quando você caminhava na fé e estava no primeiro amor.

Aproveite a oportunidade que Deus está te dando e reflita sobre como está o teu estado espiritual: quem é você dentro desse vale; o profeta que está na fé e que ajuda os que estão caídos ou você é o osso que está sequíssimo?

O mais importante dessa história bíblica narrada no capítulo 37 é que ela teve um final feliz. O texto sagrado diz que teve jeito para aqueles ossos secos. Deus mandou Ezequiel profetizar e eles reviveram, e o último estado deles foi melhor que o primeiro (versículo 10).

Isso nos ensina que pra tudo existe uma solução. Deus quer restabelecer a tua vida e a tua condição espiritual e você vai se levantar desse estado sequíssimo, pra viver o propósito que Jesus tem pra tua vida.

Mensagem 81

A voz que não devo escutar

Há mais de dois mil anos, na cidade Jericó, existiu um homem chamado Bartimeu que era cego. Um dia esse homem ouviu falar de Jesus e se encheu de esperança, assim como eu e você. Ele sentiu que era a oportunidade de ficar curado daquela deficiência visual. A bíblia conta essa história em Marcos 10/46.

A bíblia também diz que um dia Jesus passou por aquela cidade e uma grande multidão vinha atrás dele. O cego começou a gritar: "Jesus, filho de Davi, tem misericórdia de mim". Mas a multidão dizia para o cego: "não adianta gritar, não incomode o mestre" (versículo 48).

Note que a multidão é assim. Muitos seguem Jesus só para assistir ao espetáculo. Por isso o Espírito Santo nos adverte: Não ouça a voz que vem da multidão; ouça a voz que vem de dentro de você, a voz do Espírito Santo, da Palavra de Deus que chegou até a sua vida.

A multidão normalmente tenta impedir as pessoas de se aproximarem de Jesus; a multidão não quer que as pessoas incomodem Jesus, mas Jesus gosta de ser incomodado.

Jesus gosta de ser parado por causa de uma aflição. Jesus gosta quando é interrompido por causa de alguém que sofre, por causa de alguém que está perdendo a esperança, por causa de alguém que precisa desesperadamente de um milagre (Mateus 11/28).

Um dia éramos cegos espiritualmente, mas a voz de Deus veio aos nossos corações e começamos a acreditar em uma possibilidade espiritual de mudança de vida.

Você precisa da ajuda de Deus? Então pare de ouvir o que as pessoas dizem. A maior parte dos que estão seguindo Jesus só estão ali por causa da muvuca, por casa do espetáculo.

Eles não se preocupam com as coisas do céu; eles só querem o pão, o peixe e o vinho. Isso mesmo! A maioria não quer nada com Jesus e além de não querer nada com Ele, criam obstáculos para impedir a aproximação dos que querem.

Nunca pare para ouvir a voz que vem da multidão. Faça como Bartimeu: grite; porque o seu milagre pode estar apenas precisando de um grito para que ele aconteça.

Mensagem 82

Você precisa aprender a dar uma resposta ao diabo

Certamente a palavra da cruz é loucura para os que se perdem, mas para nós, que somos salvos, poder de Deus (1ª Coríntios 1/18).

Nós que servimos ao Senhor Jesus devemos tomar atitudes que mesmo que o mundo nos acuse; mesmo que as pessoas que não entendem as coisas espirituais nos critiquem, necessitamos colocar em prática e uma dessas atitudes é: **precisamos aprender a dar uma resposta ao diabo.**

No livro de Mateus 4/1, está escrito que Jesus foi levado ao deserto pelo Espírito Santo e lá Ele foi tentado pelo diabo. <u>O diabo lhe dizia:</u> transforma essas pedras em pães. <u>E Jesus lhe respondeu:</u> NÃO. Não só de pão viverá o homem.

<u>O diabo insistiu:</u> atire-se do pináculo do templo. <u>E Jesus lhe respondeu com um outro NÃO.</u> Porque não tentarás o Senhor Teu Deus. <u>O diabo que não e besta, perseverou:</u> Se prostre diante de mim e eu te darei o reino deste mundo. <u>Mas Jesus lhe deu outra resposta à altura:</u> vai-te satanás. Porque está escrito que somente ao Senhor Deus devemos adorar e só a Ele daremos culto.

Pois bem. Você sabe muito bem que infelizmente o diabo anda soprando informações destrutivas e nós precisamos dar uma resposta dentro da Palavra para este ser maligno, assim como Jesus lhe deu.

A bíblia diz que precisamos meditar no Livro da Lei e que o Livro da Lei não pode sair de nossa boca (Josué capítulo1/8). A resposta que devemos dar sempre virá de lá.

Então não basta só ler a bíblia; não basta só frequentar a igreja. Você tem que ter em sua boca a Palavra de Deus. E um dos momentos mais importantes para usar essa Palavra é quando o inimigo tentar colocar pensamentos em sua mente que não vêm do alto.

Ou isso não acontece com você? Ou você as vezes não acorda achando que nada vai dar certo? Ou às vezes não vem na sua mente o pensamento que você vai perder? Isso acontece com todo mundo.

Entretanto, todas as vezes que isso ocorrer repreenda. Dê uma resposta ao diabo, porque Deus te deu autoridade para, através da Palavra, você ter uma vida de vitória aqui nesta terra.

Observe que Jesus não invocou o diabo para dar uma resposta. A bíblia diz que Ele estava no deserto jejuando e orando e satanás veio tentar tirar a paz do Mestre, como normalmente ele tenta tirar a nossa paz.

Toda vez que isso ocorrer não esqueça: Dê uma resposta, dentro da Palavra, ao diabo. Nunca fique calado. Não aceite e nem baixe a guarda. Dê-lhe uma resposta à altura.

E o enterro voltou

Lucas capítulo 7, a partir do versículo 11, relata a história de um funeral de um rapaz que era filho de uma viúva. Diz a bíblia que Jesus estava se dirigindo até a cidade de Naim e de longe avistou um cortejo fúnebre.

Jesus então, movido de compaixão, foi em direção ao cortejo fúnebre e se dirigiu até a mãe do menino e disse: não chores!

Em seguida, o texto diz que Jesus tocou no caixão e as pessoas que carregavam o esquife pararam admirados! Então Jesus pediu a palavra e disse: "jovem levanta-te. E os versículos 14 e 15 descrevem que o defunto ressuscitou, sentou-se e começou a falar e foi entregue a sua mãe (versículos 14 e 15).

Entre tantas cidades que havia naquela região Jesus decidiu ir justamente até Naim porque tinha justamente que resolver o problema daquela mulher.

Observe que essa mulher já havia perdido o marido recentemente, porque a bíblia a chama de viúva e se não bastasse tanto sofrimento, agora havia acabado de perder o seu filho único. Duas perdas terríveis.

Um menino que havia morrido e agora o próprio Jesus decide ir até aquela mulher para acalmar o coração dela e mudar a sua história. Ele sabia que ela havia passado por duas perdas.

Mas depois da intervenção Divina não houve mais enterro. O funeral teve que voltar e, o choro se tornou em risos; o pranto se tornou em alegria.

Jesus sempre nos surpreende. Ele é especialista em parar funeral, ou seja, em reverter situações impossíveis.

Independente da situação que você esteja passando, o Espírito Santo está nos revelando que Jesus quer mudar a tua história. Ele quer colocar um ponto final nesse sofrimento.

A tua história não vai terminar assim. Você está chorando antes do tempo. Jesus não deu a última palavra ainda. Não é tempo de você chorar.

Não se desespere diante dessa notícia que você recebeu, porque dessa vez não vai terminar em funeral.

Jesus sabe como está a tua alma; Ele sabe das dores que você está vivendo e dos processos que você está passando. Por isso ele quer tratar a tua alma e o teu coração.

Ninguém imaginava que aquela viúva iria ter um final feliz, mas Jesus chegou e mudou a história daquela família. Esse mesmo Jesus que você acabou de conhecer nesse texto bíblico está vivo e tem poder pra mudar a tua história também.

Se você crer no poder de Deus e recebe essa Palavra, com certeza a tua história começa a mudar agora, em nome de Jesus.

Mensagem 84

Não ouça os filhos de belial

"Mas os filhos de Belial disseram: é esse aí que vai liderar Israel? E o desprezaram e não lhe trouxeram presentes. Porém Saul se fez de surdo". (1ª Samuel 10/27).

Essa passagem bíblica fala do momento exato em que Saul foi levantado rei de Israel. A maioria gritou viva o rei, mas os filhos de Belial, que são pessoas sem caráter, que discordam de tudo, disseram: é esse aí que vai liderar a nação de Israel? E o texto diz que Saul se fez de surdo.

Há momentos na vida que a gente tem que se fazer de surdo. Precisamos aprender com Saul a não dá ouvidos aos filhos de Belial. É sobre isso que o Espírito Santo tem a nos dizer no dia de hoje.

Por que você está ouvindo os filhos de Belial? Por que você não para pra ouvir a outra multidão que está gritando viva o rei? Se tem uma pessoa gritando contra você, você é capaz de deixar de ouvir os cem que enxergam Deus na sua vida, para ouvir um que a bíblia ainda diz que é filho de Belial. Isso não é inteligente.

Você vai parar pra ouvir gente que te despreza? Você vai valorizar a crítica de Belial? Claro que não. Aprenda somente guardar críticas de pessoas que amam você, de pessoas que fazem parte da sua história.

Não ouça críticas de pessoas que não fazem parte da tua história. Não ouça críticas de pessoas que não te amam, porque quem não te ama não quer ver o teu bem. Os filhos de Belial não querem ver o teu bem. Aprenda isso.

Às vezes você é criticado, caluniado por alguém que nem conhece a sua história e você se abala com isso? Você vai parar pra ouvir esses caras que nem sabem quem você é; que não entendem nem os seus propósitos? Não faça isso.

Não ouça os filhos de Belial. Alguns momentos na vida precisamos aprender com Saul. A gente precisa aprender a se fazer de surdo. Não guarde aquilo que vai te fazer mal. Essa é a direção do Espírito Santo.

Você não tem o domínio sobre a língua das pessoas, mas você tem o domínio sobre o teu coração. Você não tem o domínio sobre o que as pessoas vão dizer, mas você tem o domínio sobre aquilo que você vai absorver. É você quem decide se a palavra que foi liberada vai te ferir ou se vai passar.

Se faça de surdo; não guarde e não leve para o teu coração; não absorva as palavras dos filhos de Belial, até porque são pessoas que não fazem parte da sua história.

São pessoas que estão por aí vomitando ódio, com a intenção de te ferir e te machucar. São pessoas que já estão frustradas na vida e querem te frustrar também.

Aprenda com Saul. Quando os filhos de Belial vierem falar besteira, se faça de surdo; não ouça esse tipo de gente. Essa é a direção de Deus para a sua vida.

Mensagem 85

Cuidado com o poder encantador do diabo

O capítulo 7 do livro de Êxodo mostra o momento em que Deus mandou os irmãos Moisés e Arão até a presença de Faraó para avisá-lo que o povo de Israel iria ser liberto da escravidão do Egito.

Entretanto, para que Faraó entendesse que os dois irmãos tinham ido em nome do Senhor, um sinal havia de se manifestar diante do poderoso rei do Egito: a vara de Arão se transformaria em serpente (versículo 10).

Diz o texto sagrado que o Senhor deu a direção a Moises para ir até Faraó, juntamente com Arão, para pegar a vara, jogar no chão, para em seguida ela virar em serpente, mostrando assim, que Deus era com aqueles dois homens.

Então Moisés e Arão foram até Faraó e fizeram assim como o Senhor ordenara. E lançou Arão a sua vara diante de Faraó e diante dos seus servos e ela se transformou em serpente.

Entretanto, pra não ficar por baixo, Faraó mandou chamar os feiticeiros, os encantadores e os magos do Egito, e eles fizeram também o mesmo com os seus encantamentos, ou seja, também transformaram suas respectivas varas em serpentes.

<u>Isso aqui traz pra nós uma verdade sobre o mundo espiritual:</u> mostra-nos o poder que o mundo do mal também tem de fazer as coisas.

Pois é. Quando os feiticeiros imitaram Arão, ao também transformarem as varas deles em serpentes, isso deixa claro que o diabo também tem "poder de fazer as coisas", entretanto, um "poder encantador".

Na maioria das vezes o diabo atua dessa forma, com encantamentos. Em alguns casos parece que o diabo tem poder, tem autoridade, mas na verdade, é tudo encantamento para destruir a vida daqueles que estão longe do caminho do Senhor.

Tome muito cuidado, porque o diabo vai criar situações parecidas e você vai achar que é Deus, mas na verdade é tudo encantamento.

Ele é mestre em enganação e vai fazer coisas inimagináveis para te iludir e ganhar a sua adesão. Não esqueça que ele também mostrou o seu poder encantador ao Senhor Jesus na tentação do deserto (Lucas 4, versículos 5/7).

Observe que está escrito que ele disse que daria toda a sua autoridade ao Senhor Jesus, caso este renunciasse à cruz para lhe servir e lhe adorar.

Por isso, você precisa ter consciência e estar atento ao poder encantador que o diabo tem, para não se tornar mais uma vítima dele, como centenas de milhares tem sido pelo mundo.

Esses dois exemplos concretos que acabamos de citar acima, deixa claro que o diabo tenta imitar a Deus em tudo. Por isso você deve estar ligado pra não cair nas ciladas encantadoras do inimigo, porque propostas encantadoras e imperdíveis virão, mas cabe a você analisá-las e filtrá-las.

Mensagem 86

Sonhos que podem se transformar em pesadelos

Sonhar! Quem é que não gosta de sonhar? Sonhar faz bem. Só sonha quem está vivo e disposto a viver os sonhos. Quando sonhamos, planejamos a melhor maneira de realizá-los.

Todos sabem que uma criança precisa ser ensinada e treinada para a vida. Mas elas só querem fazer o que não deve ser feito; só querem brincar com o que não se deve brincar. Elas querem ter nas mãos o que uma criança não pode ter nas mãos.

Elas chegam nas lojas e querem tudo, não têm limites. Mas nós, como pessoas responsáveis por elas, a ensinamos como se portar e como se conduzir na estrada da vida.

Acontece que existem algumas pessoas que crescem e continuam com essa mesma mentalidade infantil, querendo coisas que não podem; querendo fazer o que não se deve fazer e o nosso Deus Todo Poderoso, criador dos céus e da terra, como um bom Pai que é, não cansa de tentar ensinar essas pessoas e colocá-las no caminho correto.

Existem algumas pessoas que dizem que têm grandes sonhos na vida, só que esses sonhos são completamente contrários ao que Deus preparou para elas.

Infelizmente algumas pessoas são tão cabeçudas que correm atrás desses desejos enganosos que elas chamam de "grandes sonhos da minha vida", que quando conseguem realizá-los, infelizmente esses sonhos se transformam em pesadelos, em verdadeiro inferno.

Veja o exemplo de Ló, sobrinho de Abraão. O sonho de Ló era prosperar, ser um grande produtor, dono de terras, enfim, ser um homem bem-sucedido na vida, como todo mundo almeja.

Só que para realizar esse sonho ele escolheu se separar de seu tio e sair em busca desse sonho em direção a cidade de Sodoma. Ele viu a beleza de Sodoma e, ao invés de pedir a direção do Senhor, para mostrar-lhe o lugar certo para morar, resolveu habitar com os piores pecadores daquela época (Gênesis 13).

O tempo passou e o sonho de Ló se transformou em um terrível pesadelo. Sofreu todos os dias de sua vida a aflição da alma por ver e ouvir sobre as obras injustas daqueles moradores. Por fim, teve que sair às pressas daquela cidade e morou em uma caverna. Perdeu tudo. Esse sonho se transformou em um verdadeiro inferno em sua vida (Gênesis 19, versículo 1 ao 30).

Talvez você esteja vivendo isso; talvez o seu grande sonho se transformou em um terrível pesadelo. Talvez o que você pensou o que seria o seu céu se transformou em seu verdadeiro inferno. Mas como resolver isso?

Colocando a sua vida nas mãos do criador e começando tudo de novo. Jesus disse a Nicodemos: Não te admires que de eu te dizer: importa-vos nascer de novo (João 3/7).

Jesus usa o termo nascer de novo e é isso que muitas pessoas precisam: zerar o HD. Abrir mão de seus próprios sonhos para poder desfrutar dos sonhos de Deus, pois nem sempre os nossos sonhos são os sonhos de Deus. E isso você precisa entender.

O seu maior sonho pode se transformar em seu terrível pesadelo. Abra os olhos porque se você abraçar os projetos de Deus, você com certeza se tornará uma pessoa feliz e terá dentro do coração a paz que excede todo entendimento. Pense nisso.

Mensagem 87

A dor da ingratidão

A bíblia relata em Eclesiastes capítulo 9, versículos 14, que existiu uma pequena cidade em que havia poucos homens; e contra esta cidade se levantou um grande rei que a sitiou de forma perversa e levantou contra ela grandes baluartes.

Entretanto, no versículo 15 diz que se encontrava nela um homem sábio e pobre, que através da sua sabedoria, conseguiu livrar aquela cidade das mãos daquele rei perverso; contudo, o tempo passou e ninguém mais se lembrou daquele homem. Ele foi esquecido pelo tempo.

Com isso, o Espírito Santo nos traz uma reflexão:

Quantas são as pessoas que estão passando por uma situação semelhante? Talvez, através de você, muita gente foi abençoada. Quem sabe você já ajudou tanta gente, já foi muito usado por Deus para pregar a Palavra e hoje está esquecido pelo tempo.

Quem sabe você já até matou a fome de muitas pessoas, mas o tempo passou e você foi esquecido por elas. O tempo passou e hoje as pessoas nem mais se importam com você. Veja que a bíblia diz que aquele homem sábio também passou por isso.

Imagino que no início, quando ele libertou a cidade da tirania do rei injusto era uma festa só. Deviam ter colocado aquele sábio nas alturas. Ele devia ser reconhecido e paparicado todos os dias pelo povo, mas o tempo passou, ele ficou velho, morreu e sua fama, seu nome, foram esquecidos.

As pessoas são assim mesmo, são movidas de interesses. Quando somos úteis para elas, somos os mais abençoados do mundo, mas quando não se é mais aproveitável, logo elas nos descartam e entramos no esquecimento. Elas partem para outros interesses.

O próprio Deus também sentiu na pele a dor da ingratidão.

A bíblia diz que o povo de Israel ficou maravilhado com os milagres que Deus fez em suas vidas, quando foram libertos da escravidão da terra do Egito. Só que o tempo foi passando e eles, na caminhada do deserto rumo a terra prometida, esqueceram das maravilhas e começaram a blasfemar contra Deus porque sentiram saudades das cebolas e dos pepinos do Egito (Êxodo do capítulo 7 ao 16 e Números capítulo 11).

Está muito claro o principal motivo da ingratidão dos israelitas. O povo estava focado no que não tinha e não conseguia perceber o que tinha. O Maná era um alimento do céu, disponibilizado por Deus e perfeitamente suficiente para alimentá-los.

Entretanto, eles estavam voltados para o que não possuíam e, por conta disso, desprezaram as dádivas recebidas. Isto é, eles não conseguiam perceber o que Deus estava fazendo por eles, só enxergavam o que o Senhor não estava fazendo. Pura ingratidão.

Por isso, o Espírito Santo nos pede para não nos incomodarmos com esse tipo de coisa, ou seja, com as ingratidões da vida. Viva o seu momento; aproveite a vida como ela é, e deixe os ingratos colherem os frutos podres que estão plantando.

Fique firme em Jesus, não permita que o fato de as pessoas não enxergarem a maneira tremenda que Deus trabalha na sua vida, possa te perturbar ou tirar a sua paz.

Aquele te chamou e te escolheu; aquele que nunca dorme e sabe todas as coisas, jamais te deixará; nunca te desamparará e muito menos será ingrato com você.

Mensagem 88

Não entre em guerras que Deus não mandou você entrar

A bíblia relata, em 2ª Crônicas, capítulo 18, a história de um rei chamado Acabe que queria de todo jeito entrar na guerra contra o povo de outra cidade chamada Remote-Gileade. Só que essa era a vontade de Acabe e não a vontade de Deus.

Diz o texto sagrado que ele consultou todos os profetas da época para obter uma resposta favorável à sua vontade e assim foi feito. Entretanto, um único profeta chamado Micaías revelou que a ida àquela guerra não tinha a permissão de Deus.

O profeta Micaías deixou claro que se Acabe fosse para a guerra estaria sozinho, sem a proteção de Deus e, por conseguinte, iria se dar mal. Aquela guerra era do rei Acabe e Deus não tinha nada a ver com ela.

A história, como todos sabem, foi trágica para o rei Acabe e para todo o povo de Israel: Acabe desobedeceu a ordem de Deus e foi para a guerra de todo jeito. Disfarçou-se e, como consequência, foi assassinado por uma flechada, que foi lançada ao acaso e todo o povo gemeu (versículos 33/34).

O rei entrou em uma guerra que era só sua e por isso se deu mal. Ele não tinha a permissão de Deus e por isso pagou preço.

<u>Isso serve como reflexão para todos nós:</u> não entre em guerras sem a direção de Deus. Não entre em batalhas que Deus não mandou você entrar. Não entre em conflitos que Deus não quer que você entre. Não entre em problemas que Deus não quer que você entre; ainda que seja para ajudar alguém.

Você não sabe o que é que Deus está permitindo aquela pessoa passar. Se você entrar no problema alheio, você vai sofrer as consequências, o vento que está soprando para a vida daquela pessoa.

<u>Veja o exemplo de Jonas:</u> os marinheiros não tinham nada a ver com a história de Jonas, mas só porque deixaram Jonas entrar no barco o vento soprou também para a vida deles (capítulo 1 do livro de Jonas).

Não entre em guerras que Deus não mandou você entrar. Não assuma compromissos que Deus não mandou você assumir, porque você vai se decepcionar, vai se ferir e se frustrar; você vai se arrebentar.

Você vai entrar em caminhos que Deus não teu deu permissão para você entrar? É melhor ficar de longe só orando do que você assumir um compromisso, uma responsabilidade que Deu não mandou você tomar.

Não entre em guerras sem a direção de Deus. Tome muito cuidado, porque quando você entra em uma guerra sem a direção de Deus você entra sozinho e isso é muito perigoso. Não cometa o mesmo erro que o rei Acabe cometeu.

Quando você entra em uma guerra sozinho você depende da sua própria força, da sua própria responsabilidade e você sozinho não tem forças para vencer suas próprias batalhas.

Você sabe que tem muita coisa que você sozinho você não aguenta. Então não entre em guerras que Deus não tem para você. Talvez Deus está querendo livrar você de certas dores e de certos sofrimentos, mas é você que está procurado entrar em combate que Deus não quer que você entre.

Você está procurando sarna para se coçar e depois vai reclamar da vida, vai reclamar com Deus? Tenha muito cuidado em saber qual é a direção de Deus para a tua vida, porque só assim você terá a proteção Divina.

Não se meta em problemas alheios. Não entre em guerras que Deus não mandou você entrar. Essa é a direção do Espírito Santo para a nossa vida.

No tempo de Deus

"O mais pequenino de vocês virá a ser mil e o menor será uma nação poderosa; eu, o Senhor, <u>na hora certa</u>, farei com que isso aconteça depressa" (Isaias 60/22).

Estava meditando neste versículo de Isaias 60/22 e logo o Espírito Santo trouxe essa revelação: Tudo acontece no tempo de Deus.

É muito comum vermos pessoas afobadas, inquietas, preocupadas com os problemas e com a situação pela qual está enfrentando.

As apreensões da vida fazem com que nós, meros mortais, fiquemos apoquentados, tristes e até mesmo sem forças para sair de tal problema. Cada um vive sua realidade cotidiana. Isso é fato.

Lutamos do nosso jeito, com as forças do nosso braço e por isso a resposta e a saída não vêm. O que Deus está nos mostrando nessa Palavra é que as coisas não irão nunca acontecer do nosso jeito e nem no nosso tempo.

Vivemos em um universo onde tudo foi criado e programado por Deus. O ser humano nunca entenderá os desígnios do Criador, mas insiste em querer mudar o tempo, ou seja, em fazer as coisas do seu jeito.

Está claro que tudo acontece no tempo de Deus e não no nosso. Se você meu amigo e minha amiga está há bastante tempo enfrentando essa barra, essa doença, esse desemprego, esse problema conjugal ou seja lá qual nome ele tenha, saiba que Deus está te mostrando agora, através desse versículo bíblico, que independentemente de quem você seja, independentemente do tipo de problema que estejamos enfrentando, a resposta está garantida, mas somente virá no tempo Dele.

Essas preocupações cotidianas só servem para nos tirar a paz e retardar a resposta dos céus. Deus está trabalhando em nossas vidas, mas se continuarmos fazendo as coisas do nosso jeito retardaremos ainda mais a conquista do milagre Divino.

Como vimos, a promessa está garantida; é nosso direito por herança. Você pode se considerar o menor desse mundo, o mais humilhado e desprezado que seja, mas no momento certo serás uma nação poderosa, serás grande e todos que te conhecem baterão palmas para o teu sucesso.

No tempo certo de Deus, darás a volta por cima e todos saberão que o Deus da Bíblia é Poderoso. Ele será glorificado em tua vida, em teu testemunho. Creia e permaneça fiel a Ele.

Mensagem 90

A parábola do semeador

Naquele mesmo dia, saindo Jesus de casa, assentou-se à beira do mar e uma grande multidão se reuniu perto dele, de modo que entrou em um barco e se assentou e toda a multidão estava em pé diante da praia e de muitas coisas lhes falou por parábola e dizia: **eis que o semeador saiu a semear. E, ao semear, uma parte caiu à <u>beira do caminho</u> e, vindo as aves, a comeram. Outra parte caiu em <u>solo rochoso</u>, onde a terra era pouca e logo nasceu, visto não ser profunda a terra. Saindo, porém, o sol a queimou e, porque não tinha raiz, secou-se. Outra caiu <u>entre os espinhos</u> e os espinhos cresceram e a sufocaram. Outra, enfim, <u>caiu em boa terra</u> e deu fruto: a cem, a sessenta e a trinta por um. Quem tem ouvidos (para ouvir) ouça.** (Mateus, capítulo 13).

Ao meditarmos nessa Palavra logo Deus nos revela que o semeador é o Espírito Santo e a semente é Palavra de Deus.

O semeador, através dos homens e mulheres de Deus semeiam a Palavra de Deus. Mas existem quatro tipos de pessoas no universo e é justamente sobre isso que nós iremos destrinchar o significado dessa parábola, para tentar nos identificar sobre qual tipo de pessoa nós somos dentro da vida real.

1º TIPO DE PESSOA: À BEIRA DO CAMINHO

Pois bem. Está escrito no versículo 3 que o semeador saiu a semear e de início a semente caiu à beira do caminho.

Esse é o primeiro tipo de pessoa que existe no mundo. São pessoas que ouvem a Palavra de Deus, mas não a aceita. A palavra entra por um ouvido e sai pelo outro. Ela acha uma balela tudo o que está sendo pregado e ensinado e nem dá atenção. Acha que aquilo que está sendo pregado não é para ela.

As coisas do mundo são muito mais importantes do que aquilo que Deus está falando com ela através da bíblia, por isso logo vem as aves a comeram, ou seja, aquela Palavra não serviu para ela.

Você deve conhecer pessoas assim que estão cansadas de ouvir a Palavra de Deus, mas não estão nem aí para nada. O brilho do mundo é mais importante do que tudo. Ela acha que todos os pastores são ladrões; acha que a vida se limita a esta terra e que tudo acaba quando a pessoa morre.

Ela não acredita na vida eterna após a morte, nem na morte eterna após a morte física. Esse é o primeiro tipo de pessoa que a parábola se refere (os que estão à beira do caminho).

2º TIPO DE PESSOA: SOLO ROCHOSO

Verificamos, nos versículos 5 e 6 que a semente também foi lançada em solo rochoso, onde a terra era pouca e logo nasceu, porque a terra não era profunda. Porque não tinha raiz, foi queimada pelos raios do sol e logo se secou.

O segundo tipo de pessoa que existe é a que está um passo à frente da primeira que estava à beira do caminho, porque até deu ouvidos a Palavra de Deus. Aceitou ir à igreja, mas não se entregou de corpo, alma e espírito.

Não tem raiz em si mesma. Aceitou a palavra, foi à igreja, mas com a única intenção de obter as bênçãos de Deus. Por isso o tempo foi passando e por ela não ter raiz (compromisso com Deus), vieram às tempestades, os problemas, as decepções e logo ela desistiu da fé.

Você deve conhecer pessoas assim. Fogo de palha. No começo da fé era uma empolgação só, mas quando vieram os problemas, as adversidades, o tempo, as decepções, logo se secou e caiu fora da igreja.

É preciso ter raiz, ou seja, se entregar de fato e de verdade ao Senhor Jesus, não pelo que Ele tem, mas pelo que Ele é. Solo rochoso não dura muito tempo na fé.

3º TIPO DE PESSOA: ENTRE OS ESPINHOS

Já o versículo 7 nos mostra que a semente, de igual forma, foi lançada entre os espinhos, mas os espinhos cresceram e a sufocaram.

Isso nos mostra que o terceiro tipo de pessoa é aquela que está um pouco mais à frente da primeira e da segunda descritas nos parágrafos anteriores. Aqui notamos que o suposto cristão ouviu a Palavra de Deus, aceitou ir à igreja, até se batizou nas águas, mas os cuidados com as coisas do mundo e as fascinações com as riquezas, sufocaram a Palavra e a deixou infrutífera.

É aquele tipo de pessoa que está com um pé na igreja e o outro no mundo. Ela até se diz cristã convertida, mas o interesse dela é extremamente voltado para as coisas desse mundo, ou seja, para os filhos, para a mãe, para o pai, para a casa, para as redes sociais, para a vaidade, enfim, tudo é mais importante do que Deus.

O trabalho dela é mais importante do que Deus. A mente dela está voltada só em crescer financeiramente, ou seja, em ganhar dinheiro. Fazem propósitos, campanhas para tudo, menos para ser batizada com o Espírito Santo. Deus está em segundo plano na vida dela.

Ela até arrebenta financeiramente, mas as fascinações das riquezas sufocam a Palavra e ela fica infrutífera. Está na igreja, mas não tem a certeza da salvação, pois seu compromisso é zero com Deus.

Se morrer hoje vai para o inferno e suas riquezas, suas conquistas materiais tornar-se-ão inventário, disputa de partilhas de bens entre os herdeiros legais.

Esse tipo de pessoa é o chamado crente enganador. Quem olha para ele acha que está tudo certinho, que ele está salvo, mas na verdade está sufocado pelos testemunhos de prosperidades obtidos por meio de sua fé.

Os espinhos o sufocam e não permitem que ele nasça de Deus. Quando perder tudo que conquistou por meio da fé, logo vai cair fora e abandonar a igreja.

4º TIPO DE PESSOA: BOA TERRA

A parábola do semeador se encerra nos versículos 8 e 9, nos mostrando que a semente, por fim, foi lançada em boa terra e por a terra ser boa, deu fruto: a cem, a sessenta e a trinta por um.

Isso nos faz entender, que o quarto tipo de pessoa, que é a boa terra, é o tipo mais raro que existe. É o verdadeiro cristão. Aquele que verdadeiramente ouviu a Palavra se arrependeu dos pecados, confessou-os a Jesus, se batizou nas águas e tem um verdadeiro compromisso com Deus. Nasceu da Água e do Espírito.

Seu objetivo maior é agradar ao seu Senhor e, por conseguinte, manter a sua salvação em dia. Não está na igreja por interesse e sim porque tem compromisso com Deus. Busca a todo o momento o batismo com o Espírito Santo porque sabe que é o Espírito Santo que vai lhe dar condições físicas e espirituais de se manter de pé, na fé, ativo e salvo.

A boa terra é raridade, considerando os últimos tempos que estamos vivendo, onde a maldade impera e cada um é por si. O amor se esfriou de quase todos e poucos dão créditos à Palavra de Deus.

Mas uma coisa é certa. Jesus não mentiu e nem mente jamais. Ele nos deixou essa parábola porque verdadeiramente nos encaixamos em uma dessa quatro situações. Ou estamos à beira do caminho, ou somos o solo rochoso, ou estamos entre os espinhos, ou somos a boa terra. Não tem pra onde fugir, quer você acredite ou não.

Observe que Jesus finaliza o versículo 9 dizendo: **"quem tem ouvidos para ouvir ouça"**. Ora, todo ser humano tem ouvidos físicos. Então porque Jesus disse uma frase que a princípio não teria sentido, já que todos nós temos ouvidos?

Logicamente que Jesus estava se referindo aos ouvidos espirituais. Todo ser humano tem ouvidos físicos, mas nem todos têm ouvidos para ouvir a Palavra de Deus. Espero que o amigo leitor tenha esses ouvidos espirituais e tenha entendido o que o Espírito Santo tem a dizer nesta mensagem.

Qual das quatro pessoas é você?

Mensagem 91

Por que você insiste em abrir portas que você sabe que foi Deus quem fechou?

Gênesis capítulo 16, do versículo 01 ao 09, nos mostra um fato muito interessante: A precipitação de Sara, esposa de Abraão.

Desde o capítulo 15 Deus falou com Abraão que dentro de um determinado tempo ele seria pai de um filho de sua esposa legítima e que este se chamaria Isaque e que a sua descendência seria numerosa.

Mas quando Abraão recebeu essa promessa sua esposa Sara, além de ser avançada em idade, era estéril. Por isso, humanamente falando, a probabilidade de ela ter um filho seria muito difícil.

Daí por que Sara não suportou esperar e resolveu oferecer uma de suas servas egípcia, que se chamava Agar, para se relacionar sexualmente com Abraão, para que ela pudesse gerar um filho para o casal.

A história nos mostra que uma mulher infértil era a vergonha do marido e por esse motivo Sara se desesperou e resolveu agir por conta própria, apresentado essa proposta indecente para o seu esposo Abraão.

Só que a promessa que Deus fez a Abraão antes não foi de ele ser pai do filho de uma escrava. A promessa era que o filho nasceria do seu casamento legítimo com Sara. Só que a bíblia deixa claro que foi o próprio Deus que havia cerrado a madre de Sara (versículo 2).

Entretanto, Sara resolveu não esperar o tempo do milagre e decidiu tentar abrir a porta que Deus havia fechado e por isso fez a proposta indecente.

Abraão aceitou a sugestão e se relacionou com Agar e, por conseguinte, nasceu Ismael. Só que quando Ismael nasceu Sara se sentiu menosprezada por Abraão, que havia pegado um sentimento pela criança.

A coisa ficou tão séria e sem controle que Abraão entregou Agar nas mãos de Sara e esta, por sua vez, passou a persegui-la. Por não mais suportar as aflições de Sara, Agar resolveu fugir com a criança para o deserto e nesse momento o anjo apareceu e a mandou voltar para a casa de Abraão (versículo 9).

Pois bem. Sara tinha a consciência que foi o próprio Deus que tinha fechado a sua madre (versículo 2) e mesmo assim resolveu insistir em tentar abrir, em criar uma oportunidade para as coisas acontecerem mais rápido para a vida dela.

Se ela tinha a consciência que foi Deus que fechou por que ela estava tentando criar um jeitinho para que o milagre acontecesse?

Essa mesma pergunta o Espírito Santo te faz hoje: porque você insiste em querer abrir portas que foi Deus quem fechou? Por que você insiste em querer entrar em caminhos que foi o próprio Deus quem te tirou de lá?

Se você sabe que foi Deus que fechou essa porta porque você está querendo abrir a mesma porta que Ele fechou? Você não percebeu ainda que você não vai conseguir?

Observe que Ismael não foi o propósito de Deus na vida de Sara. O nascimento de Ismael foi fruto da consequência daquilo que ela plantou.

Todas as vezes que você decide sair da direção de Deus, em não aceitar o tempo de portas fechadas, o diabo vai criar caminhos de portas abertas pra desvirtuar você do projeto de Deus.

Pare de tentar abrir se Deus fechou. Pare de tomar atitudes quando na verdade Deus mandou você esperar. Procure entender qual é o propósito de Deus dentro disso tudo.

Não cometa os mesmos erros de Sara porque as consequências serão danosas.

Mensagem 92

As consequências dos projetos de Deus

Quem é que não quer ser usado por Deus? Quem é que não quer ser escolhido para um propósito Divino, para um projeto de Deus?

Só que existem alguns projetos que podem arrancar de nós privilégios. Existem projetos que podem trazer privilégios e existem projetos que podem bagunçar a nossa vida. Mas também existem projetos que organizam a nossa vida.

Veja o exemplo de Maria, mãe de Jesus. O projeto que Deus tinha para ela deu uma sacudida total em sua vida. A bíblia diz no Livro de Lucas capítulo 1, a partir do versículo 26, que o anjo informou a Maria que ela ficaria grávida do Espírito Santo e daria à luz a Jesus, o filho de Deus, o salvador da humanidade.

Esse era um grande privilégio para qualquer mulher de Israel. Ser mãe do Filho de Deus, só que Maria se encontrava despojada com José, estava noiva dele. Imagine só uma mulher virgem, comprometida com o seu noivo, e de repente aparece grávida dizendo que foi obra do Espírito Santo. Quem iria acreditar numa história dessa?

Isso significava que ela poderia ser até apedrejada, com a acusação de estar traindo José com outro homem, de ter ficado grávida de outro homem. A pena para esse tipo de ilicitude, naquela época, era a execução por apedrejamento, ou seja, pena de morte.

Esse plano divino, a princípio, bagunçou a vida de Maria completamente. Põe-se no lugar dela. Veja que situação complicada ela se meteu inicialmente.

Você tem coragem de abrir a sua vida para Deus, como Maria abriu, a ponto de talvez ser apedrejado ou apedrejada pelas pessoas? Porque às vezes quando os projetos de Deus entram em execução em nossas vidas a primeira coisa que as pessoas fazem é nos apedrejar.

Por isso devemos estar firmes na fé e convictos de que o projeto é realmente de Deus.

É importante salientar, que Deus sempre vai levantar alguém para nos amar e nos fazer acreditar que é o projeto é Dele. <u>Olha só a situação de José, o noivo de Maria:</u>

A bíblia diz no Livro de Mateus capítulo 1, do versículo 19 ao 25, que José tentou deixar Maria secretamente, por não acreditar que aquela gravidez seria obra do Espírito Santo. Ele tinha a convicção de que Maria tinha o traído, porque qual homem iria acreditar que sua mulher, virgem, estava grávida de um Espírito? Humanamente falando, ninguém!

Mas José amava muito Maria e por isso tentou deixá-la secretamente, sem escândalos, para não a difamar, pois sabia que ela poderia ser condenada a pena de morte, sob a acusação de adultério. Ele só não sabia, ainda, do projeto de Deus na vida de Maria.

<u>Mas o Próprio Deus o chamou e disse:</u> cuide dela e do menino porque esse é Filho do Altíssimo (Mateus 1, versículo 21). E assim foi feito e Deus realizou o Seu projeto na vida de Maria, como todos já sabem da história.

Por isso meu amigo e minha amiga, se o projeto é de Deus não tema. Mesmo que te apedrejem, mesmo que te caluniem, ou mesmo que as pessoas não entendam, Deus vai levantar alguém para não te deixar andar por uma estrada de tristeza.

Devemos estar cientes que existem alguns projetos de Deus que podem arrancar de nós privilégios e trazer privilégios, da mesma forma que também existem projetos que podem bagunçar ou organizar a nossa vida.

Temos que estar com os nossos lombos preparados para todos os tipos de projetos de Deus, como aconteceu com os grandes homens e mulheres de Deus narrados na bíblia.

Quando os projetos são de Deus, infelizmente a primeira coisa que muitas pessoas fazem é atirar pedras, mas o Deus que criou os céus e a terra sempre vai nos guardar e terá o nome Dele glorificado em nossas vidas.

Mensagem 93

E se o amanhã não existir?

"Tudo quanto te vier a mão para fazer, faze-o conforme as tuas forças, porque no além, para onde tu vais, não há obra, nem projetos, nem conhecimento, nem sabedoria alguma". (Eclesiastes 9/10).

A vida é como uma fábrica de alimentos perecíveis. Viemos a este mundo com dia exato de fabricação e automaticamente adquirimos um prazo de validade determinado, o qual não sabemos. Tornamo-nos seres perecíveis.

Mas o que muita gente não atenta é que o tempo está voando. Ao invés de aproveitar a vida, muitos estão apegados a pessoas e coisas, esquecendo-se, por conseguinte, de viver.

O Espírito Santo está nos mostrando nessa passagem bíblica de Eclesiastes 9/10, que devemos aproveitar as oportunidades; devemos colocar toda nossa força naquilo que fazemos e viver o dia que se chama hoje, como se fosse o nosso último dia de vida.

As pessoas estão preocupadas em juntar dinheiro; estão preocupadas com os bens materiais e estão se esquecendo desse prazo de validade que foi instituído ao ser humano.

Até na bíblia a gente encontra alguns personagens com esse tipo de pensamento, como por exemplo, o homem rico que dedicou toda a sua vida ao trabalho, exclusivamente para adquirir bens materiais (Lucas 12, versículos 16/21).

Esse homem era tão rico que o pensamento dele era um só: adquirir mais riquezas para guardá-las em um depósito gigante. Ele achava que iria viver eternamente; pensava que nunca iria morrer.

Ele só pensava em adquirir bens materiais. Esse homem era tão rico que não tinha mais lugar onde guardar sua fortuna e resolveu reconstruir um depósito ainda maior para armazenar seus bens materiais.

Estava tão apaixonado pelos bens materiais que chegou a ponto de ser chamado de louco pelo Senhor Jesus, porque a qualquer momento ele poderia morrer e toda aquela riqueza iria ficar como disputa de herdeiros.

Ele havia esquecido de aproveitar o seu pouco tempo de vida que lhe restava e só pensava em guardar dinheiro. Por isso Jesus o advertiu naquela parábola.

Tem muita gente assim. Tem muitos loucos espirituais que estão perdendo o seu pouco tempo de vida que lhe resta e estão se matando para adquirir riquezas.

Não perca o seu tempo com coisas fúteis e passageiras; a própria bíblia diz que no além, para onde tu vais, não há obra, nem projetos, nem conhecimento, nem sabedoria alguma. Tudo vai ficar para trás.

Isso não quer dizer que você não vai se importar em comer do bom e do melhor dessa terra. Não é isso que o Espírito Santo está dizendo. Você deve batalhar sim para comer do melhor dessa terra, para usufruir o melhor dessa terra, mas o que você não deve fazer é se tornar uma pessoa avarenta.

O que você não deve fazer é abrir mão da sua vida, em detrimento de bens materiais; você não deve fazer das riquezas o seu tudo, o seu Deus. Curta a vida; aproveite o tempo com sua família; ajude o próximo quando puder, enfim, viva o hoje.

Não se torne escravo do dinheiro. Lembre-se: somos seres perecíveis, com prazo de validade determinado. O tempo voa; precisamos viver a vida e aproveitá-la da melhor forma, desprendendo-se do dia de amanhã, pois ele nem poderá existir para você.

Mensagem 94

O passado só é passado quando ele não interrompe o teu presente

233

Gênesis 33/4, relata o reencontro entre os irmãos gêmeos Esaú e Jacó. Quem conhece a história sabe que foi muito difícil isso acontecer. Esse processo durou cerca de 20 anos de afastamento, devido aos traumas que os dois viveram juntos.

Os capítulos anteriores mostram que Jacó enganou Esaú e o seu pai Isaque, com a finalidade de roubar a benção da primogenitura e quando Esaú ficou sabendo que Jacó lhe roubou o direito, ficou somente esperando a morte de seus pais para acabar com a vida de Jacó.

Entretanto, quando a mãe de Jacó ficou sabendo disso, deu uma idéia para que o mesmo fugisse de casa e fosse se esconder, durante um tempo, na casa de seu irmão, que se chamava Labão.

E assim foi feito. Jacó foi para a casa do seu tio e lá viveu por quase 20 anos. Constituiu família e depois de mais ou menos esse tempo Deus lhe falou para que voltasse para a casa de seus pais.

Mas Jacó ficou com medo de voltar porque como foi dito, ele havia saído de casa foragido, pelo fato de ter enganado o seu próprio irmão. Por isso não sabia qual seria a reação de Jacó. Ainda tinha muito medo que seu irmão lhe matasse.

Mas a ordem de Deus era para que Jacó voltasse para casa e esse versículo quatro mostra justamente o momento em que os dois irmãos se reencontraram.

Enquanto Jacó pensava que Esaú estava vindo em sua direção para lhe matar, Esaú só estava querendo restaurar os traumas que eles viveram no passado. A recepção de Esaú foi surpreendente. Ele veio com a intenção de restaurar a aliança com seu irmão.

Jacó ficou mais de vinte anos refém dos traumas do passado, por causa de um erro que ele cometeu, mas quando teve um encontro com Deus, esses traumas foram curados e ele fez as pazes com o seu irmão.

Observe que o medo faz isso. Faz você não confrontar o teu passado; faz você se esconder dentro de seus próprios traumas.

Enquanto você não tiver um encontro com Deus você não vai ter forças e nem condições de vencer os traumas e os medos que vem vivendo há muitos anos.

Os traumas fizeram você fugir por muito tempo, igual a Jacó. A dor que você viveu lá atrás fez você se esconder, igual a Jacó, porém pra você ter forças pra vencer as marcas do passado você precisa ter um encontro com Deus, da mesma maneira que Jacó teve no capítulo 32.

Não é o tempo que cura. O que cura é o encontro que você tem com Deus dentro do processo. Esse encontro vai fazer você visitar o teu passado e vai te dar forças pra cicatrizar as tuas feridas.

Observe que tem gente que diz que foi curado pelo tempo, mas não pode tocar em certos assuntos, ou seja, se falar de algumas coisas que ela viveu, logo começa a chorar. Sabe por que isso acontece? Porque na verdade você nunca foi curado desses traumas.

Quando você é curado, ainda que você se lembre da ferida, ela não causa mais dor, não causa mais ferimento, porque ela foi cicatrizada.

Deus só pode te levar para um novo caminho no futuro, se primeiro Ele tratar do teu passado. Enquanto Deus não cicatrizar o teu passado você não vai estar preparado para experimentar algo novo.

Você só pode ser feliz no teu presente depois que abandonar as frustrações que você viveu no teu passado. O passado só é passado quando ele não interrompe o teu presente.

Se o teu passado estiver interrompendo o teu presente, na verdade não é passado, é presente; porque ele continua vindo à tona sobre a tua mente e te levando para uma vida de dor, de sofrimento e de dificuldades. Pense nisso!

Mensagem 95

As virtudes do filho pródigo

A bíblia diz em Lucas 15, versículos 11/32, que existia uma família formada por um homem e seus dois filhos. E Jesus conta essa história dizendo que o filho mais novo, um dia pediu sua herança para o pai e resolveu ir para uma terra distante.

O que vemos nessa história é que ir para uma terra distante não foi o problema daquele rapaz. Às vezes algumas pessoas vão para uma terra distante para começar uma nova jornada profissional. Às vezes algumas pessoas vão até para outros países para estudar outra língua, isso é normal hoje em dia.

Ir embora não foi o problema daquele filho. O problema foi o que ele deixou para trás. O problema foi o que havia no coração dele quando partiu. A bíblia deixa claro que ele foi embora para se divertir irresponsavelmente; ele foi embora para viver dissolutamente.

Deus nos permite partir para vivermos de forma irresponsável, se assim desejarmos, isso é fato, mas você precisa saber que há um preço para tudo isso. O preço é a consequência da irresponsabilidade.

Esse rapaz foi embora e viveu da maneira que ele queria. Ele fez farras, ficou com prostitutas; viveu de uma maneira irresponsável. Só que um dia o preço chegou e no dia que esse preço chegou, esse menino acabou tomando conta de porcos.

Ele procurou um trabalho e foi a única coisa que conseguiu. **Mas havia duas virtudes naquele garoto.**

<u>**Primeira:**</u> **Ele não se acostumou com os porcos.**

O que o Espírito Santo está querendo nos dizer com isso? Não se acostume com a lama; não se acostume com o fundo de poço; não se acostume viver de uma maneira completamente diferente da que Deus te chamou, da maneira que Deus te criou para você viver.

Você não foi gerado pelas mãos do próprio Deus para viver sentindo inveja dos porcos, para viver na lama como os animais. Você foi criado para ser filho Dele; você foi criado a imagem e semelhança Dele.

<u>**Segunda virtude daquele rapaz:**</u> **Ele conhecia o caminho de volta.**

O que o Espírito Santo também quer dizer com isso? Volta para os braços do Pai. Volta para a casa do Pai, para o convívio com o Senhor Jesus.

A bíblia diz que quando aquele menino resolveu voltar, e ele chegou em casa, o pai o abraçou. Mas preste muita atenção porque a bíblia diz que não foi um abraço qualquer.

Quando o pai o abraçou, ele ainda estava sujo. Quando o pai o abraçou, ele ainda estava com as vestes rasgadas, com o corpo todo sujo da lama do local onde ele trabalhava tomando conta dos porcos.

Você não precisa se lavar para voltar e nem se preparar para voltar. Volte da maneira como você está. Porque é o Pai quem manda nos limpar.

<u>Aquele pai disse:</u> limpem o menino, coloquem roupas novas, coloque um anel no dedo dele. Essa é parte do pai; a sua parte é só voltar; a sua parte é só despertar; é cair em si e entender que não dá para viver sem o Senhor Jesus.

Venha receber o abraço do Pai, mesmo você estando sujo, porque é o Pai quem vai mandar limpar você.

Mensagem 96

Toda pessoa que não tem propósito na sua vida, vive competindo com o propósito dos outros

A bíblia relata em 1ª Samuel, capítulo 01, a história de duas mulheres que não se davam bem: Ana e Penina, que por sua vez, eram esposas de um rapaz chamado Elcana. Só que Ana era estéril e Penina não.

Todos os anos quando Elcana e sua família iam peregrinar no templo, Penina provocava Ana, humilhando-a por causa da sua esterilidade. A bíblia diz que Ana viveu anos de humilhações e de provocações.

Mas você sabe qual foi um dos problemas de Penina? É que ela perdia muito tempo com a vida de Ana. Penina perdia muito tempo com a vida dos outros e esquecia de colocar propósito em sua própria vida.

Penina perdia muito tempo acusando Ana, humilhando Ana, e esquecia-se de viver a sua própria vida.

A bíblia diz que todo ano, Elcana, marido de Ana, saía para o Templo para oferecer sacrifícios a Deus. Ele oferecia parte do sacrifico para Ana, outra parte para Penina e a outra parte para os seus filhos.

Entretanto, a melhor e maior parte ficavam com Ana e isso causava indignação em Penina, porque na verdade Penina queria também o sentimento de Elcana. A bíblia diz que mesmo Ana não gerando filhos Elcana amava muito mais a Ana do que Penina (versículo 5).

Penina não suportava a ideia de ela dar muitos filhos para Elcana e mesmo assim saber que ele continuava amando mais a Ana.

Mas a questão é que Elcana não amava Ana por aquilo que Ana produzia. Ele a amava em face daquilo que ela era, por aquilo que ela representava para ele. Penina durante muito tempo enxergava Ana como sua competidora.

Penina era "doente da cabeça"; ela representa alguém que não consegue enxergar os seus propósitos. Penina é alguém que não consegue entender que talvez Deus tenha também um projeto de vida para ela.

Mas o problema de Penina é que ela estava tão concentrada em querer o sentimento de Elcana, em querer a vida de Ana, que ela deixou de viver a sua própria vida.

Penina enxergava Ana como uma competidora, mas Ana não estava competindo com Penina. A intenção de Ana não era essa. Ana não podia ter filhos. Na verdade, era Penina que estava competindo com Ana.

Toda pessoa que não tem propósito na sua vida, vive competindo com o propósito dos outros. Como ela não consegue entender o que Deus tem para ela, ela vive apontando o propósito dos outros.

Assim é a vida de quem não entende os seus propósitos. A pessoa enxerga o outro como uma competição.

<u>Por isso, a direção do Espírito Santo para a sua vida é a seguinte:</u> pare de viver a vida dos outros. Pare de competir com o propósito dos outros. Pare de se comportar como Penina. Viva a sua vida. Tome posse daquilo que Deus tem para você.

Mensagem 97

Deus permite o mal para despertar a nossa fé

A bíblia relata uma história muito interessante no livro de 1ª Samuel, capítulo 4: o dia em que Deus entregou o povo de Israel aos filisteus.

Diz o texto sagrado que Israel tinha prevaricado com relação à sua fé. Todo o povo estava relaxado e já não mais se importava com a sua vida espiritual. Deus na vida daquele povo estava em segundo plano.

Por isso Deus permitiu que os filisteus derrotassem a todos e causassem um reboliço em suas vidas. Até a arca da aliança foi roubada e colocada, como ato de desaforo, em um terreiro de macumba (capítulo 5, versículo 2).

Mas o interessante de tudo isso é que Deus não quis o mal do povo de Israel. A intenção do Senhor não era essa. O intuito de Deus foi gerar o despertar da fé do povo. Deus quis acordar aquele povo do sono da morte. Quis mostrá-los que o caminho que estavam seguindo estava afastando eles do propósito.

Nunca foi vontade de Deus querer que você caia ou que você passe por dificuldades, por sofrimentos ou por momentos de adversidades. Deus sabe que a única maneira de você acordar é Ele permitir os problemas.

Por isso Ele permite a opressão, a escravidão e a porta fechada. Por isso Ele permite as coisas não darem certo, a doença aparecer, etc. Ele permite tudo parar, tudo travar, mas pra quê? Para dá uma chacoalhada em você. Para despertar a tua fé.

Quando Deus percebe que você está dando vacilo, que está na zona de conforto, aí Ele permite o mal na tua vida para você acordar. Não é Ele que coloca o mal. Na verdade, Ele permite o mal, pra te fazer bem.

Agora você entende que o dia mal que você está vivendo te sobreveio não pra te fazer mal; ele veio pra dá uma chacoalhada em você; pra despertar a tua fé, assim como aconteceu com o povo de Israel naquela ocasião.

Deus não queria que Israel fosse escravo dos filisteus, mas sabia que só haveria um despertamento se fosse através do sofrimento. Se não fosse através do sofrimento o povo não acordava, por isso Deus permite a dor.

Entretanto, o mesmo Deus que permitiu o mal, foi o Deus que já havia deixado preparado, durante muito tempo, a resposta para curar as dores e os problemas que estavam amargurando o coração do povo de Israel.

O capítulo 7 mostra que o povo despertou do sono espiritual, mudou o seu comportamento para com Deus, usou a fé e venceu os filisteus. A vergonha se tornou em glória.

A mesma coisa Deus quer fazer na sua vida. Desperta do sono da morte e acorda pra Jesus. A tua vida pode dá uma guinada de 180 graus se você se consertar com Deus, se você reconhecer que tem que mudar.

Veio pra matar, mas Jesus te deu livramento

No evangelho de João, capítulo 18, a bíblia relata que Jesus, na noite que antecedeu o dia da crucificação, estava com os discípulos no Jardim do Getsêmani realizando suas orações, quando Judas Iscariotes chegou com os soldados romanos para prendê-lo.

Consta no texto sagrado, que Simão Pedro, com o intuito de defender Jesus e seus companheiros, sacou a sua espada da bainha e atingiu a orelha direita de um dos soldados.

O texto deixa claro que a intenção de Pedro não era cortar a orelha do soldado. A intenção de Simão era matar Malco. A orelha direita foi o lado que ele conseguiu atingir. Só que Jesus estava perto e não deixou Malco morrer (Lucas 22/51).

A intenção da espadada era pra matar, mas a espadada só pegou na orelha. A gente passa muito por isso na vida. Em alguns momentos a gente pensa que a espada vai vim pra matar. <u>A gente fala</u>: agora já era, mas quando a gente percebe a espada só pega uma parte da orelha, não mata.

As vezes até vem com a intenção de destruir a nossa vida, mas só pega na orelha. Por que só pega na orelha? Porque Jesus está perto, e quando Jesus está perto Ele nos livra de coisas que a gente nem imagina, de coisas que a gente nem espera.

Quantas vezes na vida a espada veio para nos matar? Quantas vezes na vida a espada veio com intenção de destruir a nossa vida? Só que Jesus estava perto e não deixou a espada nos matar. Quantas vezes Jesus te protegeu e te livrou de situações complicadas? Acredito que foram muitas. Ele sempre nos protege das ciladas do diabo.

Você sabe que a intenção de coisas que aconteceram lá atrás, no passado, era destruir a tua vida, mas Jesus estava por perto e não deixou nada de mal acontecer. Ele te deu o livramento, assim como livrou a vida do soldado Malco (Lucas 22/51).

A intenção de Pedro não era cortar a orelha de Malco. Ele tinha o intuito de matá-lo. Quando ele puxou a espada queria assassinar o soldado que iria prender Jesus. Ele estava agindo em legítima defesa de terceiro (Artigo 25 do Código Penal).

Simão agiu por impulso. Ele agiu em legitima defesa de terceiro. Ele foi pra matar. Só que Jesus estava perto e deu livramento para um cara que veio prendê-lo. Isso é muito forte!

Tem coisas que Deus faz que a agente não entenda, mas que Ele nos preserva com as suas próprias mãos. Muitas vezes o diabo preparou a nossa morte, mas Deus nos deu livramento; muitas vezes o diabo armou sepultura, mas Deus te deu livramento que você nem imagina.

Agradeça-o por todas as coisas que Ele tem feito na sua vida.

Mensagem 99

O perigo dos atalhos

Quem é que não quer ter vitórias? Quem é que não quer comemorar a conclusão de projetos? Quem é que não quer chegar onde sempre sonhou?

Só que vivemos em um tempo onde muitas pessoas têm sido convencidas a entrarem por atalhos, que infelizmente levam por estradas que só conduzem ao abismo e a derrota.

As pessoas querem facilidades ao invés dos esforços e isso é muito perigoso. A bíblia nos mostra a existência de três atalhos diabólicos os quais devemos ter muito cuidado a fim de evitá-los, <u>são eles:</u>

Primeiro atalho: A casa na areia.

Está escrito em Mateus 7, versículos 26 e 27: **"E todo aquele que ouve as minhas palavras e não as pratica será comparado a um homem ISENSATO que edificou sua casa sobre a areia; e caiu a chuva, transbordaram os rios, sopraram os ventos e combateram aquela casa, e caiu, e foi grande sua ruína".**

Construir uma casa na areia é mais fácil do que construir uma casa na rocha, não é verdade? <u>Por exemplo:</u> quando você bate uma laje precisará de aproximadamente 30 dias para que o concreto se solidifique e somente depois desse prazo poderá tirar as escoras.

Quem está procurando atalhos tira as escoras antes do momento adequado e por conta dessa irresponsabilidade a laje pode cair sobre a cabeça das pessoas daquela casa.

Nunca construa sua casa sobre a areia e jamais tire as escoras antes do tempo, não aceite esse atalho maldito.

Segundo atalho: O de Sodoma.

Em Gênesis 13, versículos 8 ao 11, vemos o momento em que Abraão diz para seu sobrinho Ló: escolha para qual caminho você quer ir. Ali está escrito que Ló olhou para as planícies de Sodoma e escolheu os atalhos, os pastos verdejantes.

Seus olhos se voltaram para as facilidades e ele disse: "se eu for por aqui terei menos esforços para conseguir as coisas que eu quero". E Ló, infelizmente, sofreu um dano terrível por preferir caminhar pelos atalhos da destruição, pelos atalhos do engano (Gênesis capítulo 14 ao 19).

Não aceite os atalhos de Sodoma; eles podem te levar a perda total, assim como ocorreu na vida de Ló.

Terceiro atalho: O da prostituição de caráter.

O diabo vai apresentar, em determinados momentos de sua vida, atalhos para você conseguir "vencer", ser bem-sucedido, passando por cima dos outros. Ele vai tentar corromper o teu caráter.

Isso mesmo, é quando o homem resolve se vender por trinta moedas de prata como aconteceu com Judas, em Mateus 26, do versículo 14 ao 16.

A história de Judas você já conhece. Tinha tudo nas mãos, vivia lado a lado do filho de Deus, mas resolveu escolher o atalho do diabo para crescer financeiramente. Vendeu-se e, por conseguinte, provou do fruto amargo: a morte suicida.

Às vezes a pessoa acha que aceitar propostas daqueles que não comungam com Jesus vai trazer vitórias para suas vidas, mas só trazem derrotas.

Não aceite o atalho da corrupção de caráter, pois o preço será cobrado lá na frente e geralmente ele não é barato.

Por isso, peça força a Deus, porque qualquer vitória que venha do céu para sua vida, você precisará fazer esforços. Fuja dos atalhos, eles só trazem consequências danosas para a vida dos que trilham por eles.

A vida é feita de esforços. Grandes lutas geram grandes vitórias.

Mensagem 100

Às vezes Deus permite a mordida da cobra

Atos 28, versículos 01 ao 10 relata que Paulo depois de passar por um terrível naufrágio, foi parar em uma Ilha chamada Malta.

Quando ele chegou à ilha foi muito bem recebido pelos habitantes daquela região, que a bíblia os chama de bárbaros, os quais os trataram com muita empatia.

Em seguida fizeram uma grande fogueira, porque a tripulação havia chegado naquela ilha nadando e estavam com muito frio, até porque o dia estava chuvoso.

Entretanto, quando acenderam a fogueira apareceu uma cobra no meio da madeira e mordeu a mão de Paulo, de modo que ele chacoalhou a cobra e a jogou no meio do fogo.

A partir daí os bárbaros ficaram olhando de longe e disseram: coitado; saiu da tempestade pra morrer picado pela cobra!

Os bárbaros sabiam que havia um histórico dentro daquela região de pessoas que morriam com picada de cobra. As cobras que habitavam na região de Malta eram venenosas, por isso os bárbaros ficaram esperando Paulo inchar e, por conseguinte, morrer.

Só que a bíblia diz que o tempo passou e não aconteceu nenhum mal na vida de Paulo e por isso os bárbaros mudaram de opinião e passaram a pensar que ele era um tipo de Deus.

Mas por que Deus não livrou Paulo do ataque da picada da cobra? Eu sei que a bíblia diz que o veneno dela não o matou, mas não podemos afirmar que essa mordida não doeu.

O texto é claro que não aconteceu mal algum, que ele não sentiu o veneno e que não morreu, mas se ele sacudiu a cobra no fogo foi porque a picada doeu muito.

Perceba que Deus não impediu o ataque da mordida, mas não deixou a cobra matá-lo. Pois é. Deus não deixou Paulo morrer afogado, mas não impediu a mordida.

Com isso o Espírito Santo está nos revelando que mesmo Deus te livrado do naufrágio (problemas) lá atrás, às vezes Ele permite a mordida, o ataque, a afronta, a pedrada ou uma situação que te machuca, pra você agir a fé.

Veja a atitude de Paulo: Ele parou por causa desse ataque? Paulo desistiu do ministério por que foi mordido por uma cobra? Claro que não. O texto diz que ele sacudiu a cobra no fogo e seguiu em frente.

Você não pode parar por causa de uma mordida, por causa de uma adversidade, ou porque alguém falou mal de você.

As mordidas das cobras que você recebeu por esses dias não podem te impedir de caminhar na fé. Continue no propósito.

Não deixe os ataques das cobras te paralisarem. Faça como Paulo: sacuda essa cobra no meio do fogo, porque o diabo não vai encontrar oportunidade pra atingir a tua vida.

Ele pode até te atacar, mas Deus não vai deixar ele te matar. Tem limites o ataque dessa cobra (Marcos 16/18). Prossiga na fé.

Ninguém está vendo você no campo

A partir do capítulo 16, do livro de 1ª Samuel, a bíblia nos mostra a história de Davi: um menino que vivia no campo, de forma desconhecida e que ficou famoso depois de derrotar um gigante que afrontava o povo de Israel.

Quando Davi levantou a cabeça de Golias e a multidão começou a aplaudir e falar: "nossa, foi um menino que derrubou um gigante"! Eu imagino que a multidão começou a querer saber de onde era Davi, qual era a sua história e de onde ele veio.

Todo mundo viu Davi derrubando Golias. Todo mundo viu Davi sendo honrado diante da multidão, mas ninguém o enxergou no campo. Ninguém viu Davi cuidando de ovelhas, lutando com um urso. Ninguém viu Davi lutando com um leão apara proteger as ovelhas (capítulo 17, versículos 34/37).

Quando Davi estava no campo, ninguém nem sabia quem ele era, ninguém se importava com ele, mas Deus sabia quem era Davi (Capítulo 16, versículos 11).

Depois de um tempo, obviamente que o testemunho de Davi ia alcançar muitas pessoas, pelo testemunho que ele tinha como referência de homem de Deus.

Deus, durante um bom tempo, escondeu Davi no campo, no anonimato. Deus ensinou Davi no campo. E no momento do ensino Davi não tinha palácio, não tinha coroa, ele só estava no campo. Tinha uma vida de oração e de consagração.

Isso a bíblia deixa claro porque quando um espírito maligno tomou a vida do Rei Saul, alguém de dentro do palácio ouviu falar que Davi tocava bem e que era um homem de Deus, que era um homem que se relacionava com Deus (Capítulo 16, versículos 14/23).

Tudo isso foi resultado de uma vida de entrega que Davi deu durante muito tempo para Deus, em oração, em propósito e em obediência, sem ninguém ver.

Às vezes acontece isso com a gente. Ninguém está vendo você no campo. Você está escondido no campo, porque Deus resolveu te esconder, porque Ele tem um propósito contigo dentro dos bastidores.

A verdade é que você ainda não está preparado para chegar em certos lugares, se primeiro não construir um relacionamento com Deus, dentro do campo.

As pessoas vêem você derrubando gigante, mas não te vêem lutando com o urso e com o leão, ou seja, com as adversidades que existem dentro do campo.

Mas ainda que ninguém te veja no campo, Deus está te observando. Ele conhece o teu coração. E é justamente por causa da maneira como você tem vivido com Ele no campo, sem ninguém te vê que Ele tem preparado um caminho de honra para a sua vida, assim como aconteceu na vida de Davi.

Mensagem 102

Sua família está sendo alcançada por causa do teu relacionamento com Deus

A bíblia nos mostra um fato muito interessante no evangelho de Marcos capítulo 1, versículos 29/31: como ocorreu a cura da sogra de Pedro.

Diz o texto sagrado que Jesus estava dentro da igreja pregando a Palavra de Deus e ao final do culto decidiu ir para a casa de Pedro. Ao entrar naquela residência, alguém lhe disse que a sogra de Pedro estava doente, com muita febre.

Sem pensar duas vezes, Jesus atendeu a necessidade daquela mulher. Jesus tocou sobre ela e o milagre aconteceu de forma instantânea. Ela se levantou e começou a servir a todos dentro de casa.

Se você prestar atenção no que o Espírito Santo está mostrando nessa Palavra, logo entenderá que foi o relacionamento que Pedro tinha com Jesus que fez com que sua sogra fosse curada.

Por causa do relacionamento que Pedro tinha com Jesus, sua sogra foi alcançada. Por causa do relacionamento que Pedro tinha com Jesus, alguém da família dele foi tocada.

Você acredita que tem gente da sua família que está sendo alcançada por causa do teu relacionamento com Deus?

Você acredita que por causa do teu relacionamento com Jesus existem pessoas da tua família que estão sendo libertas? Você acredita que por causa do teu relacionamento com Deus existem pessoas na tua família que estão sendo protegidas e abençoadas?

As orações de Pedro alcançaram a família dele. Se não fosse a intimidade que Pedro tinha com Jesus, Ele não teria ido até aquela residência e, por conseguinte, sua sogra não teria sido curada.

Continue lutando pela sua família. Continue orando pela sua casa. O teu relacionamento com Deus fará com que os seus familiares sejam abençoados.

Quando Jesus entrou na casa da sogra de Pedro, houve transformação, houve um milagre. Isso comprova que quando Jesus entra o mal é obrigado a sair. Quando Jesus entra tem que haver resultado.

Mantenha o teu relacionamento com Deus, porque é através dessa intimidade que toda a tua casa será tocada por Ele. É através de você que sua família será alcançada por Deus.

Mensagem 103

Não há resposta sem entrega de vida

A bíblia relata em 1ª Samuel, capítulo 9, que o pai de Saul havia perdido suas jumentas e deu uma ordem para que seu filho fosse atrás daqueles animais que haviam sumido.

Aqueles animais eram de grande valia para os cidadãos daquela época porque representavam o suporte financeiro que cada família possuía.

Até mesmo em uma casa mais pobre tinha pelo menos uma jumenta, porque esses animais serviam como meio de transporte, bem como para o crescimento das terras.

Era tão importante para aquele homem encontrar os animais que haviam se perdido que ele mandou Saul, juntamente com o seu moço, em busca das jumentas.

Entretanto, diz o texto sagrado, que eles passaram pelas redondezas das montanhas de Efraim e não conseguiram encontrar as jumentas e por esse motivo Saul resolveu voltar pra casa, mas o seu amigo teve a idéia de irem até o homem de Deus para que o profeta lhe revelasse, de alguma forma, onde estavam aqueles animais.

Eles tinham a convicção de que Deus sabia onde estavam as jumentas, mas também tinham a consciência de que não poderiam chegar diante de Deus com as mãos vazias. <u>Porém o amigo de Saul disse:</u> nós temos ainda alguns ciclos de prata (versículo 8).

Eles foram até o homem de Deus e o problema foi resolvido. As jumentas foram localizadas (versículo 20).

Pois bem. Essa passagem bíblica nos ensina que não há resposta sem entrega. Deus sabe de cada uma das nossas necessidades, mas não age porque o ser humano não quer se entregar pra Ele.

Você quer muito de Deus, mas não quer entregar nada pra Ele, mas saiba que só há resposta quando tem entrega. Aprenda isso.

Você não vai ter resposta murmurando da vida, chorando ou se vitimizando, porque Deus não age através da emoção. O que move as mãos de Deus é a fé.

Enquanto você ficar se vitimizando, reclamando de tudo e usando isso como argumento para que a solução venha para tua vida, você não vai experimentar o poder de Deus, porque só há resposta quando tem entrega.

Deus não se move por causa de problemas, por causa de crises ou pelos conflitos do mundo.

Se Deus se movesse por causa das circunstâncias, por causa da fome existente no mundo, não teríamos mais ninguém doente ou passando fome e só haveria paz na terra, não é mesmo?

A verdade é que Deus não se move pelas circunstâncias que eu passo. Ele se move através das minhas atitudes, ou seja, por meio da fé que eu apresento, da entrega total e verdadeira.

O problema é que você quer muito de Deus, mas não quer entregar a sua vida pra Ele. Com Deus é tudo por tudo, é vida por vida. O resto é conversa fiada; são palavras vazias que não chegam até o trono de Deus.

Mensagem 104

Deus permite perdas pra gente chegar ao propósito

A bíblia relata em 1ª Samuel, capítulo 9, que o pai de Saul havia perdido suas jumentas e deu uma ordem para que seu filho fosse atrás daqueles animais que haviam sumido.

Esses animais eram de grande valia para os cidadãos daquela época porque representavam o suporte financeiro que cada família possuía.

Até mesmo em uma casa mais pobre tinha pelo menos uma jumenta, porque esses animais serviam como meio de transporte, bem como para o crescimento das terras.

E a bíblia deixa claro nessa passagem que o pai de Saul perdeu algumas jumentas e, por conseguinte, nos faz entender que ele era um homem bem-sucedido financeiramente, porque tinham muitos animais.

Era tão importante para aquele homem encontrar os animais que haviam se perdido que ele mandou Saul, juntamente com o seu moço, em busca das jumentas.

Diz o texto sagrado que eles passaram pelas redondezas das montanhas de Efraim e não conseguiram encontrar as jumentas e por esse motivo Saul resolveu voltar pra casa, mas o seu amigo teve a idéia de irem até o homem de Deus para que o profeta lhe revelasse, de alguma forma, onde estavam aqueles animais.

E quando eles chegaram diante do Profeta Samuel ele lhe tranquilizou e lhe disse que as jumentas já haviam sido encontradas. O profeta explicou que toda aquela perda foi permitida por Deus para que Saul chegasse ao propósito.

A perda das jumentas conduziu Saul até a casa do profeta Samuel, que posteriormente o ungiu como o primeiro rei de Israel (capítulo 10).

Pois bem. Existem perdas que Deus permite acontecer na nossa vida para nos levar até o seu propósito, pra que a gente chegue até o lugar que Ele quer que cheguemos.

Quem sabe você está preocupado porque algumas coisas se perderam na tua vida? Mas o que você não consegue entender é que Deus vai usar essas perdas pra te levar para um propósito que Ele estabeleceu pra tua vida.

As jumentas se perdem na casa do pai de Saul e ele precisou sair para procurá-las. Foi justamente por causa dessa perda que Saul foi conduzido até o profeta Samuel e teve a sua vida totalmente transformada.

<u>É isso que Deus está te revelando:</u> tem coisas que saíram da tua vida, do teu controle, para que você chegasse ao propósito. Não tem como você fugir do propósito que o próprio Deus estabeleceu para a tua vida.

Tem gente que com jumenta não busca mais o Senhor, por isso precisa passar pelo deserto para ser levado ao propósito.

Deus sabe como tocar e onde tocar, pra você se mexer. Note que Saul saiu para procurar as jumentas por causa de um problema que aconteceu dentro de casa e Deus sabe aonde tocar na área da tua vida para você sair pra buscá-lo.

Tem gente que se não perdesse a jumenta não orava mais, não lia mais a bíblia, não buscava mais ao Senhor. Tem gente que enquanto está tudo muito bem fica preso em uma zona de conforto e não tem mais o desejo de viver lago novo com Deus.

Existem pessoas que são mobilizadas pelos seus problemas e são justamente esses problemas que Deus está permitindo para movimentar a sua vida em oração, em jejum e na leitura diária da bíblia.

Deus permitiu as coisas apertarem na tua vida pra você colocar a tua fé em prática e elevar a tua vida em oração.

Mensagem 105

Vai ficar comparando a sua vida com a dos outros?

O intuito deste estudo é levar o amigo leitor a uma reflexão espiritual. Você que tem comparado a sua vida com a dos outros. Observe o que Deus está te mostrando neste dia.

Veja o que está escrito em 1ª Samuel, capítulo 8, versículo 5: **"Constitui-nos, pois, agora um rei para nos julgar, como o têm todas as nações".**

Essas palavras foram ditas pelos anciãos para o profeta Samuel, já em sua velhice. Conta a história que o povo de Israel tinha os profetas como únicos mensageiros de Deus para guiar as suas vidas. Homens consagrados que dedicavam suas vidas para abençoar o povo, com a direção do Senhor.

Naquela época, Deus era o Seu Rei, mas mesmo assim eles não estavam gostando e queriam ser iguais aos outros povos. Queriam estar submissos a preceitos de homens, em detrimento da proteção de Deus. Ocorre que, essa decisão pesou muito o coração do Profeta Samuel e principalmente o coração de Deus (versículo 6).

Deus era o Líder de Israel e eles estavam abrindo mão dessa liderança divina, desse governo celestial, desse comandante criador, em detrimento de um governo terreno, liderado por um homem carnal, como os outros povos assim o eram. Veja que absurdo; que atitude insana aquele povo tinha tomado nesse momento.

O mesmo ocorre hoje em dia. Quantas são as pessoas cristãs, evangélicas, que se dizem servas de Deus e que ficam todo momento comparando suas vidas com as outras pessoas que não professam a mesma fé que elas?

Ficam jogando na cara de Deus: "eu sirvo a Deus, faço tudo direitinho e minha vida é assim. Fulano não serve a Deus, tem uma vida desregrada, faz tudo que dá na telha, é rebelde e não acontece nada com ele! Olha a situação do fulano, é melhor do que a minha"!

Isso é muito perigoso e com certeza, pensamentos e atitudes insanas. Nunca devemos comparar a nossa vida com a dos outros. Isso é um erro que muitos comentem e que tem levado uma porcentagem alta para o inferno e para a sarjeta.

O povo de Israel queria ser igual aos outros povos, mesmo que isso significasse uma renúncia à fé. O resultado você já sabe. Abriram mão do comando e da submissão a Deus, para se tornarem submissos a Saul.

Isso mesmo. Eles preferiram ter um homem como rei, do que a Deus como seu governante. No capítulo 10 de 1ª Samuel, Saul é ungido o primeiro rei de Israel. Daí em diante vocês já sabem o final da história de Saul. Fez muitas besteiras e acabou se suicidando em um campo de batalha, conforme se confere no capítulo 31 do mesmo livro.

Se o amigo leitor observar com cuidado, logo verá que tudo começou com o mal comportamento dos dois juízes, filhos do Profeta Samuel. Esses dois juízes eram corruptos e isso revoltou o povo (cap. 8, vers. 1 ao 4).

Samuel já era velho e não mais exercia autoridade sobre seus filhos, o que a meu ver, foi a pedra principal para a revolta do povo, em pedir um rei igual aos outros povos.

Isso nos traz uma reflexão: Quando estamos bem com Deus, na fé, com a nossa salvação em dia, não precisamos de mais nada, somente do Todo Poderoso; mas quando a pessoa está mal espiritualmente, como os filhos de Samuel estavam logo vêm às comparações e a pessoa quer ser igual às outras incrédulas.

Nunca queira estar em um estágio como esse. Jamais fique comparando a sua vida com a do seu colega de trabalho, com a vida do seu vizinho, ou seja, lá com a de quem for.

O resultado dessa comparação vai te levar à queda espiritual. Ponha Deus como o Teu Único Governante. Não aceite outro, pois Ele é tudo e está acima de todos.

Mensagem 106

Afaste-se de pessoas negativas

A bíblia relata no capítulo 5 de Marcos, versículos 21/42, os empecilhos que Jairo teve que enfrentar para receber o milagre dentro de sua casa.

Diz o texto sagrado que Jesus estava regressando do mar, acompanhado de uma grande multidão, quando Jairo, que era um dos principais líderes da igreja tradicional de Israel, decidiu ir até o encontro de Jesus porque estava enfrentando um problema sério em sua casa: a sua filha estava à beira da morte, acometida por uma doença terminal.

A filha de Jairo precisava de uma intervenção divina para sobreviver e ele não mediu esforços para chegar até a presença do filho de Deus pra pedir socorro.

Jesus atendeu ao pedido de Jairo e foi até a casa dele. Entretanto, quando estava chegando perto daquela residência, surgiram alguns amigos de Jairo e tentaram impedir que Jesus fosse salvar a menina, com a afirmação de que ela já teria falecido. Mas Jesus respondeu por Jairo e disse: não temas; crê somente.

Pois é. Os amigos de Jairo foram até ao seu encontro e lhe disseram: "por que você está incomodando o mestre? Tua filha já morreu; não tem mais solução pra ela; acabou".

Ao invés de essas pessoas, que estavam próximas de Jairo, levarem uma palavra de paz para um pai que estava sofrendo; ao invés de trazem uma palavra positiva, elas simplesmente foram com a intenção de jogar um balde de água fria na fé de seu amigo.

Observe como tem pessoas assim! Pessoas tóxicas, que ao invés de nos procurar pra trazer uma palavra de paz e de ânimo, elas simplesmente jogam um balde de água fria na nossa fé e tiram as nossas forças espirituais.

Pessoas que ao invés de nos colocar pra cima, com uma palavra positiva, só procuram trazer palavras de desgraças e de derrotas. Gente que só professam palavras negativas.

Afaste-se desse tipo de gente. Talvez você esteja ficando cada vez mais doente porque está se relacionando com pessoas que só trazem más notícias pra você.

Tem gente que sabe que você está passando por um problema, por uma crise e a invés de trazer uma palavra de ânimo, só traz palavras de desgraças.

Por isso, tome muito cuidado com as pessoas que você está se envolvendo e com as vozes que você tem dado ouvidos.

Jairo não se intimidou com as palavras negativas que os seus amigos falaram, ele simplesmente creu que Jesus podia salvar a sua filha e recebeu a vitória em sua casa.

Ouça a voz do Espírito Santo: se afaste de pessoas negativas. Jesus quer operar um milagre na tua casa. Pra tua vida tem jeito.

Mensagem 107

Nada e ninguém podem te parar, a não ser você mesmo

Josué capítulo 01/6 está escrito: "Esforça-te e tenha bom ânimo". Essas palavras foram ditas por Deus a Josué quando ele estava passando por um momento de conflito de inferioridade. Quando ele estava com muito medo.

Josué estava diante de uma tremenda responsabilidade: substituir o grande homem de Deus chamado Moisés.

Até aquela ocasião o povo tinha visto um líder chamado Moisés que tinha liderado o povo até a saída do Egito; que tinha feito o mar se abrir, o maná cair do céu e a água brotar da rocha.

E Josué aqui está prestes a substituir Moisés e sabia da responsabilidade que lhe esperava, por isso entrou em conflito psicológico. Estava tremendo de medo de assumir tamanha responsabilidade, por isso Deus lhe apareceu e disse para ele se esforçar e ter bom ânimo.

Entretanto, quando Deus lhe falou para ter bom ânimo é porque sabia que ele iria passar por lutas, crises e situações difíceis, e o bom ânimo (força) seria de grande valia para vencer os desafios da vida.

Pra muita coisa na vida precisamos ter bom ânimo. É óbvio que nem todo dia a gente acorda com alegria e com vontade de resolver os problemas. Isso é normal. Existem dias que acordamos com dificuldades que vai tentar nos desestruturar emocionalmente e espiritualmente.

Só que precisamos guardar o conselho que Deus nos deu nessa palavra: necessitamos ter bom ânimo para vencer os desafios da vida.

Aprenda a ter no seu coração a vontade de lutar, de permanecer e de ter ânimo para resolver os conflitos do seu dia-a-dia.

Observe que o segundo conselho que Deus apresentou para Josué foi para ele se esforçar (ter coragem). O que Deus exigiu de Josué foi algo pessoal que só ele poderia dar.

Tem coisas que é o próprio Deus que vai fazer e realizar, mas têm outras coisas que somos nós que precisaremos fazer. Se esforçar é algo que cabe a cada um de nós. O impossível Deus vai fazer, mas exigirá de você um esforço.

É importante salientar, que vão acontecer situações que irão roubar a tua energia, desgastar a tua saúde física, emocional e espiritual. Surgirão situações que vão tentar desestabilizar a tua vida, mas você precisa se esforçar e seguir em frente.

O que Deus está querendo nos mostrar é que Ele trabalha com parceria. O esforço e o bom ânimo é a nossa parte, o nosso 50% (a fé), e o milagre é a parte que Lhe cabe, ou seja, os outros 50% restantes.

Diante disso, está claro que nada e ninguém podem te parar, a não ser você mesmo. Tenha bom ânimo e se esforce pra permanecer na fé.

Mensagem 108

O diabo vai atacar no dia que você estiver cansado

Gênesis capítulo 25, do versículo 24 em diante, fala da história dos irmãos gêmeos Jacó e Esaú. Esaú nasceu primeiro e Jacó nasceu segurando o calcanhar de Esaú.

Diz o texto sagrado que em um determinado dia Jacó tinha acabado de preparar um guisado vermelho, e Esaú, por sua vez, tinha acabado de chegar do campo, <u>totalmente cansando</u> e morto de fome.

Ao avistar o guisado vermelho, imediatamente Esaú desejou comê-lo. A fome era tão grande que ele chegou a vender o seu direito de primogenitura pra comer aquele alimento, aparentemente saboroso.

É interessante como o diabo se apresenta em certos cenários na nossa vida. Note que a bíblia diz que Esaú estava cansando quando Jacó apareceu com o guisado.

Isso aqui se reflete muito no mundo espiritual. Dificilmente o diabo vai querer te atacar no dia que você estiver forte. Dificilmente os ataques virão no dia em que você estiver bem, com estrutura, equilibrado. Na maioria das vezes os ataques virão quando você estiver cansando.

Sabe aquele dia que você está fraco, desanimado e sem forças nem pra orar? É justamente nesse dia que o diabo vai apresentar propostas, tentações e ciladas, pra destruir algo importante que tem dentro de você.

É quando você está fraco e cansando. É quando não tem ninguém por perto que ele se aproxima e te oferece coisas que venham roubar a essência que está dentro de você.

Foi assim que o diabo tentou Jesus (Mateus capítulo 4). Jesus estava com fome, tinha vindo de 40 dias de jejum. Fisicamente precisava de comer, e o diabo o tentou justamente em suas fraquezas, em suas necessidades físicas, que era a fome.

O diabo sempre vai tentar você na sua fraqueza. O diabo não vai tentar na área que ele sabe que você é forte. Ele vai tentar quando você estiver cansado e, principalmente na área que ele sabe que você vai cair. É ali que ele vai bater até te levar à queda.

Você não deve deixar o cansaço te vencer. Você tem que vigiar no dia do cansaço, porque as fraquezas podem te dominar e o cansaço pode te levar ao pecado.

O diabo vai se aproximar de você diante das suas fragilidades, apresentando aquilo que você gosta, criando situações que venham alimentar a sua carne e destruir a sua vida espiritual.

Por isso, cuidado no dia que você estiver cansando. Dobre a sua vigilância.

Mensagem 109

O fato de você ter Jesus não vai te impedir de viver uma vida livre de problemas

A bíblia nos mostra um fato muito interessante no evangelho de Marcos capítulo 1, versículos 29/31: o problema de saúde que a sogra de Pedro teve.

Diz o texto sagrado que Jesus estava dentro da igreja pregando a Palavra de Deus e ao final da reunião decidiu ir para a casa de Pedro. Ao entrar naquela residência, alguém lhe disse que a sogra de Pedro estava doente, com muita febre.

Sem pensar duas vezes, Jesus atendeu a necessidade daquela mulher. Jesus tocou sobre ela e o milagre aconteceu de forma instantânea. Ela se levantou e começou a servir a todos dentro de casa.

Observe que o fato de Pedro ser discípulo de Jesus não impediu que um familiar seu ficasse doente. O fato de Pedro ter Jesus como amigo, não o impediu de ter alguém doente dentro de casa.

Isso nos ensina que o fato de você ter Jesus não vai te impedir de viver uma vida livre de problemas. Pedro estava fazendo a obra junto com Jesus, mas teve um problema dentro de casa, a sogra estava doente.

Aí está a resposta do Espírito Santo para a tua vida: mesmo você tendo um relacionamento com Deus você não vai estar livre de ter problemas na tua casa.

Essa passagem bíblica vem responder os questionamentos de muitos cristãos que estão sem entender porque estão servindo a Deus e mesmo assim estão passando por problemas dentro de casa.

O Espírito Santo nos mostra que os problemas, as adversidades, fazem parte da vida. Talvez você tenha sido enganado por pastores que pregam um evangelho de facilidades, um evangelho só de vitórias, um evangelho onde diz que você nunca vai ter problemas, que você só vai ter vitórias. Isso é mentira.

Jesus nos ensinou que neste mundo teremos aflições (João 16/33). Os problemas fazem parte da vida. Entretanto, a diferença estará no teu relacionamento com Deus, ou seja, na tua intimidade com Jesus.

Pedro tinha intimidade com Deus, por isso tinha moral e condições de levar Jesus para a sua casa, para curar a sua sogra.

Continue lutando pela sua família. Continue orando pela sua casa. O teu relacionamento com Deus fará com que os teus familiares sejam abençoados.

Depois que Jesus tocar na tua família imediatamente o problema vai ser resolvido. O toque de Jesus vai fazer com que algo instantâneo aconteça na tua casa. Por isso, permaneça na fé!

Mensagem 110

Se Deus falasse tudo o que iria acontecer na tua vida você não entraria no barco

A bíblia relata em Lucas 8, versículos 22/25 que Jesus convidou os seus discípulos para fazerem uma travessia de barco em um determinado lago. Saíram de uma margem em direção a outra margem.

Entretanto, no meio do percurso, o tempo fechou e sobreveio uma grande tempestade a ponto de colocar toda a tripulação em perigo de naufrágio.

Diz o texto sagrado que Jesus dormia e, por conseguinte, não estava vendo nada do que se passava naquela ocasião.

Os discípulos, por sua vez, se apavoraram de medo e ao mesmo tempo se revoltaram porque Jesus estava dormindo, mas o Mestre acordou e repreendeu a tempestade e todos conseguiram chegar do outro lado da margem do lago a salvos.

Jesus como o sendo o Filho de Deus sabia o que iria acontecer naquela viagem marítima, mas só disse isso: passemos para a outra margem. Ele não revelou nada sobre os perigos da viagem.

Tem muita gente que se questiona sobre o porquê das coisas. Por que Deus não falou dos ventos, sobre as perdas, sobre o deserto, sobre os sofrimentos que haveríamos de enfrentar.

Se Deus falasse pra gente o que iria acontecer no meio do percurso você entraria no barco? Lógico que não. Se soubéssemos das tempestades que iríamos enfrentar lógico que questionaríamos com Deus. Por isso Ele não revela os detalhes.

A primeira coisa que você diria pra Deus se você soubesse de tudo aquilo que iria acontecer era: "Senhor eu não quero passar por isso; eu não quero entrar no barco". "Se for pra entrar no barco pra passar por tempestades, por turbulências e por sofrimentos eu não quero entrar".

Essas seriam as nossas palavras se soubéssemos com detalhes as dificuldades que iríamos enfrentar nessa vida.

Por isso Deus não revela o que vai acontecer no meio do percurso da nossa vida, mas Ele nos dá a certeza de que por mais que aconteça qualquer coisa dentro dessa navegação, iremos chegar do outro lado da margem, assim como os discípulos chegaram.

Dificilmente Deus vai mostrar os desertos, os ventos e as águas que vão entrar no nosso barco. Dificilmente você vai presenciar Deus mostrando pra você o nível de tempestade, de vento e de água que vai entrar na tua vida, que vai atingir a tua vida, porque se Ele falar você vai desistir.

Se Ele falar o processo você vai desanimar, por isso Ele não mostra exatamente. Por isso Ele só diz o final. E qual é o final? Que você vai chegar do outro lado da margem. Que em Cristo Jesus somos mais que vencedores.

Por isso você não pode ficar preso aos ventos que estão no cenário e nem nas águas que entraram no barco. Você tem que se fixar no que Jesus disse: você vai chegar do outro lado da margem.

Não importa o que vai acontecer; não importa a tempestade que você vai viver os gigantes que você vai enfrentar as dificuldades, as perdas, ou as enfermidades, o que importa é o resultado final. Permaneça na fé.

Por que você insiste em permanecer do lado de fora da arca?

O livro de Gênesis, a partir do sexto capítulo nos mostra a história do dilúvio. Deus mandou Noé construir uma arca para que o máximo de pessoas pudessem ser salvas de uma grande enchente que iria destruir a humanidade. Você já deve estar cansado de ouvir essa história.

Quando Noé terminou de construir a grande embarcação, a enchente veio e a bíblia diz que todos que ficaram dentro da arca foram preservados do dilúvio que estava acontecendo do lado de fora. Quem estava dentro da arca teve vida. Deus preservou a família de Noé.

Do lado de fora havia um dilúvio, mas dentro da arca havia uma proteção. Quem estava na arca tinha vida, mas quem estava do lado de fora tinha morte.

<u>Uma grande lição aprendemos com essa passagem bíblica:</u> Deus quer que todos nós estejamos dentro da arca. Mas se você sabe que dentro da arca tem vida, por que insiste em ficar do lado de fora?

Se você sabe que dentro da arca tem proteção, se você sabe que dentro da arca Deus vai guardar a sua vida, por que você continua escolhendo o dilúvio? Você está esperando a chuva aparecer para entender que o seu lugar é dentro da arca?

A bíblia diz ainda que aquele que confessar o nome de Jesus como seu salvador, o Senhor confessará o seu nome diante dos homens, mas aquele que negar o nome de Cristo, o Senhor o negará diante dos homens (Mateus 10, versículos 32/33).

Até quando você vai ficar negando o Senhor Jesus, escolhendo o lado de fora da arca? Você sabe que é dentro da arca, que é a igreja, que você vai ter a salvação, mas mesmo assim continua insistindo em ficar do lado de fora.

É bem verdade que a igreja em si não salva ninguém, mas o Cristo que a igreja prega salva. Então precisamos ir à igreja porque é lá que prega sobre Cristo; é lá que pregam sobre a Palavra da salvação (2ª Crônicas capítulo 7, versículos 16/16).

Você sabe que o teu lugar é dentro da arca, é dentro da igreja, é na presença de Deus, mas você continua vivendo do lado de fora.

Deus já te mostrou tantas vezes que Ele não te quer do lado de fora, mas você nem está dando ouvidos à voz do Espírito Santo. Você está rejeitando entrar na arca igual aquele povo do tempo de Noé.

Saiba que o dilúvio faz parte da justiça de Deus. O dilúvio virá. Jesus não quer que você morra no dilúvio, mas Ele não vai tomar atitude por você. Se você quiser viver pelas suas escolhas, caminhar no caminho do dilúvio e viver uma vida de destruição, do lado de fora, Deus vai permitir isso, porque Ele respeita o seu livre arbítrio. Ele respeita a sua decisão.

Mas saiba que a alegria de Deus é te ver dentro da arca, se relacionando com Ele. A alegria de Deus é ver você e sua família dentro da arca sob a sua proteção. Não fique do lado de fora. Somente tem vida do lado de dentro.

Mensagem 112

Tem gente que ainda não está preparada pra receber o milagre agora

O capítulo 17 do livro de Êxodo é mais um dos textos que mostram os grandes milagres que Deus vem realizando sobre o povo de Israel.

Naquela ocasião eles estavam passando pelo deserto e começaram a sentir sede porque não havia água potável pra beber. Por isso o povo passou a murmurar contra Moisés dizendo que Deus os havia tirado do Egito para morrer de sede naquele deserto escaldante.

Veja que ingratidão: o capítulo 16 mostra o povo vivendo o milagre do maná. Deus não deixou faltar nada para eles, mas mesmo assim começaram a murmurar por causa da sede.

O povo não aprendeu a ser grato por tudo aquilo que Deus estava fazendo na vida deles. Observe que somos muito parecidos com o povo de Israel. Constantemente a gente comete os mesmos erros e defeitos deles.

Deus é fiel a vida inteira, mas se em algum momento nos faltar alguma coisa, logo começamos a questionar, a murmurar e a por em xeque aquilo que Ele já fez na nossa vida até o dia de ontem.

Aí você percebe porque tem pessoas que não estão preparadas para o milagre. O povo estava reclamando de sede, mas nos dias passados viram maná cair do céu para matar a fome deles.

Não leve a tua vida dessa forma, questionando a Deus porque Ele não fez hoje. Ele pode não ter feito hoje, mas Ele já fez muito por você.

Ele já abriu muitas portas, já te deu tantos livramentos; já providenciou tantas outras coisas e você sabe disso. Não é porque você está vivendo um tempo de provação que você vai deixar a fé e se esquecer do que Ele já fez na tua vida.

O povo não estava preparado para viver vitórias e Deus sabia disso, por isso estava tratando o caráter e o coração deles.

Tem muita gente que não está preparada pra viver o tempo da vitória, o tempo do sucesso, sabe por quê? Porque tem gente que se receber o milagre hoje se desvia da igreja, desvia da fé, abandona Jesus.

Eu mesmo já vi pessoas na igreja fazerem campanhas pra Deus curá-la de uma enfermidade, aí Deus curou e a pessoa não voltou pra agradecer.

Já vi pessoas fazerem campanhas pra Deus abrir uma porta de emprego e quando recebeu a benção não voltou na igreja nem pra dá uma oferta de agradecimento.

Pessoas que não estavam preparadas para receber vitórias. Porque as vitórias as deixaram em uma zona de conforto, querendo viver sempre aquela mesma fartura, esquecendo-se que existem tempos que Deus prova.

Cuidado! As vitórias são mais perigosas do que as derrotas, porque as vitórias nos levam para uma zona de conforto, enquanto que os problemas nos impulsionam pra perto de Deus. Não são os dias maus que nos impedem de orar, mas sim os dias bons.

Coloque o seu coração em Deus pra que as circunstancias não venham te desmotivar.

Que a sua principal motivação não seja uma porta de emprego aberta ou fechada; não seja a cura de uma enfermidade ou a libertação do seu filho. Que a sua principal motivação seja estar com Deus, independente do momento que você esteja vivendo.

Mensagem 113

Você vai se revoltar com Deus por que não conseguiu milagre?

O capítulo 17 do livro de Êxodo é mais um dos textos que mostram os grandes milagres que Deus vem realizando sobre o povo de Israel.

Nessa ocasião eles estavam passando pelo deserto, nas proximidades de Refidim e começaram a sentir sede porque não havia água potável no deserto pra beber.

Por isso o povo passou a murmurar contra Moisés dizendo que Deus os havia tirado do Egito para morrer de sede naquele deserto escaldante.

Veja que ingratidão: o capítulo 16 mostra o povo vivendo o milagre do maná. Deus não deixou faltar nada para eles, mas mesmo assim começaram a murmurar por causa da sede.

O povo não aprendeu a ser grato por tudo aquilo que Deus estava fazendo na vida deles. Observe que somos muito parecidos com o povo de Israel. Constantemente a gente cai nos mesmos erros e defeitos deles.

Deus é fiel a vida inteira, mas se em algum momento nos faltar alguma coisa, logo começamos a questionar, a murmurar e a por em xeque aquilo que Ele já fez na nossa vida até o dia de ontem.

Jesus sempre foi fiel na tua vida e por um momento de dificuldade que você está passando você começa a murmurar e a dizer que Deus mudou?

Deus mandou as dez pragas pra livrar o povo do chicote de Faraó; abriu o mar vermelho para o povo passar a pés enxuto; sustentou a todos com o maná e, na primeira dificuldade eles já queriam colocar em xeque a presença de Deus na vida deles. Veja que covardia!

Parece que com você não é diferente. Deus te livrou de tantas coisas; nunca deixou te faltar nada e você está questionando o poder Dele na tua vida, só porque ainda não conseguiste o milagre de hoje? Não seja injusto.

Você já se esqueceu de tudo o que Jesus fez na tua vida? Tá dando uma de revoltadinho só por que Deus não fez do jeito que você queria? Não fique preso ao momento como aquele povo rebelde.

Às vezes você perde tanto tempo frustrado com uma coisa que não viveu ainda e se esquece de agradecer pelo que Deus já fez na tua vida.

Você precisa ter uma vida de vitórias todos os dias pra continuar dizendo que ama a Deus? É por isso que o mundo está desse jeito. O povo só busca Jesus por interesse. Quando não acontece nada, logo querem abandonar a fé, logo querem sair da igreja.

Cresça e amadureça; pare de reclamar. Deus não precisa da gente pra nada. Nós é que precisamos Dele pra tudo. Por isso, permaneça na fé, independente das circunstâncias.

Mensagem 114

Não se revolte com Deus por causa das injustiças que você está sofrendo

O livro de Gênesis, a partir do capítulo 39, mostra como aconteceu a prisão de José no Egito. José era o homem de confiança de Potifar e foi vítima de uma injustiça tremenda. A mulher de Potifar tentou seduzi-lo e queria de todo jeito ter relações sexuais com ele.

Só que José fugiu, e ela, para se vingar, inventou uma história totalmente mentirosa para o seu marido, afirmando que ele teria tentado estuprá-la. Por esse motivo José foi preso injustamente, mesmo fazendo o que era certo.

Acontece que a prisão de José foi a escada de Deus para que ele chegasse, lá na frente, a ser governador do Egito. Se José não fosse levado à prisão não interpretaria os sonhos do copeiro e do padeiro e, por conseguinte, o copeiro não se lembraria dele para interpretar o sonho de Faraó.

Se ele não fosse lembrado para Faraó não teria se tornado o governador do Egito. Então Deus usou a prisão para que o propósito acontecesse na vida de José.

Haverá momentos que vão acontecer coisas em nossas vidas que, a princípio, não iremos entender, mas é a escada de Deus para que coisas grandes venham se concretizar em nossas vidas lá na frente.

José tinha todos os motivos do mundo para se revoltar contra Deus, porque era um homem de caráter, integro, fiel e estava preso injustamente, vítima de uma cilada articulada pela mulher do seu patrão, mas jamais blasfemou contra Deus.

Em nenhum momento a bíblia mostra José revoltado contra Deus. Em nenhum momento as escrituras relatam que ele jogou a toalha ou se rebelou contra o seu Senhor.

Pelo contrário, mesmo estando na prisão interpretou os sonhos do copeiro e do padeiro. Ele havia entendido que Deus se revelava em sua vida através dos sonhos. Por isso não deixou que a dor que estava vivendo fosse maior do que o seu chamado.

Nunca deixe que as aflições que você está vivendo lhe impeçam de exercer o seu chamado. A sua dor não pode ser maior do que o seu chamado. Você precisa fazer aquilo que Deus te escolheu para fazer.

Algumas vezes os teus problemas vão tentar te engessar. Algumas vezes as suas dores vão tentar fazer com que você se revolte contra Deus, mas cabe a você usar a inteligência e a autoridade que Deus te constituiu para amarrar o diabo e colocá-lo em seu devido lugar.

A intenção do diabo é aprisionar os teus sonhos, mas você vai perceber, assim como José percebeu, a importância de continuar fazendo aquilo que Deus te escolheu para fazer.

Por isso, não se revolte com Deus por causa das injustiças que você está sofrendo. Permaneça nos princípios, porque sempre vale a pena permanecer na fé.

Mensagem 115

É preciso sair do meio da multidão

A bíblia relata no evangelho de Marcos capítulo 7, versículos 31/37, a cura de um homem que era surdo e gago.

Diz o texto sagrado que Jesus estava pregando a Palavra de Deus em frente ao mar da Galileia, na cidade de Decápolis, quando lhe trouxeram um rapaz que era surdo e gago para ser curado pelo Filho de Deus.

Jesus recebeu aquele homem com muito carinho e o tirou do meio da multidão e o levou para um lugar reservado para que pudesse realizar o trabalho espiritual de libertação.

Depois de colocar os dedos nos ouvidos do rapaz e de colocar a sua saliva na língua dele, deu ordem para que o espírito maligno saísse daquele corpo e imediatamente aquele homem foi livre da surdez e da gagueira (versículos 33/35).

Observe que a bíblia narra milagres que Jesus fazia no meio da multidão, mas esse especificamente, Jesus fez separado da multidão.

Pois é. Ao invés de curar o surdo gago no meio da aglomeração a bíblia deixa claro que Jesus o retirou do meio da multidão.

Com isso o Espírito Santo está nos mostrando que existem milagres que pra você viver você precisa se afastar da multidão, porque enquanto você estiver no meio da aglomeração você não vai desfrutar do milagre.

Existem níveis que pra você experimentar na sua vida, você precisa se afastar da multidão. Existem profundidades que Deus quer trazer pra tua vida que enquanto você estiver no meio da multidão você não vai experimentar.

Observe que o texto sagrado diz que foi preciso aquele rapaz sair do meio da multidão para experimentar o milagre de Deus.

Tem coisas que Jesus vai fazer na tua vida, separadamente. Enquanto você estiver cercado de amigos, de colegas e de vizinhos, você vai mitigar a tua fé e não vai experimentar os milagres de Deus na tua vida.

Existirão momentos que Deus vai separar você de relacionamentos furados pra operar o milagre na tua vida; pra você experimentar das grandezas de Deus, assim como o surdo e gago dessa história bíblica.

Existem milagres que só vão acontecer quando você sair da multidão. Quando você caminhar sozinho com Jesus.

Por isso não murmure se Ele te afastou de certas pessoas. Não questione a Deus se Ele te afastou de certos relacionamentos. Jesus tirou o surdo e gago do meio da multidão para que ele pudesse ter uma experiência com Deus. Assim vai acontecer na tua vida.

Saia dos ambientes que te afastam da fé.

Mensagem 116

Não perca a presença de Deus na sua vida

No capítulo 15, de 1ª Samuel, Deus mandou o profeta dizer para Saul que Ele o havia rejeitado por causa de sua má conduta; por causa da maneira errada como ele estava vivendo.

Por esse motivo o Espírito Santo se retirou de Saul (capítulo 16/14), mas você não vê na bíblia, em momento algum, Saul inquieto ou desesperado porque perdeu a presença de Deus.

Saul estava preocupado com a sua reputação diante do povo, mas em momento algum se incomodou em ter perdido a unção do Espírito Santo (capítulo 15, versículos 24/31).

A partir desse momento Saul continuou sendo o gestor de toda a administração do povo de Israel, porém, sem a presença de Deus. Tornou-se um homem comum

E o pior dessa história é que Saul não estava incomodado pelo fato de não ter mais a glória do Espírito de Deus dentro dele. Como é que alguém consegue sobreviver dessa forma?

Isso aqui é muito real para os nossos dias. Quantos reis estão dentro de seus reinados, assumindo as suas altas lideranças, mas já perderam a presença de Deus? Muitos.

Entendem de reinado, entendem de monarquia, são grandes empresários, grandes psicólogos; são tudo nessa vida, porém, não têm mais a presença de Deus, não têm mais a unção. Perderam o vigor e não se preocupam em lutar, em manter sua vida espiritual sadia.

Acostumaram-se com a forma que estão vivendo, de modo que caminham em uma vida superficial, em um evangelho superficial, aonde possuem a cora, mas não têm mais o Espírito de Deus.

É possível alguém ter coroa e não ter mais a presença. É possível alguém estar liderando Israel e não obter mais a glória na vida dele.

Veja a diferença entre Davi e Saul. No Salmo 51 consta que Davi suplicou aos céus para não perder a presença do Espírito Santo. Mesmo havendo cometido o gravíssimo pecado, Davi se preocupou em não perder a presença de Deus em sua vida, enquanto que aqui você vê que Saul não se importou quando perdeu a presença do Espírito Santo.

Davi era um homem que estava preocupado com a graça, com a glória de Deus. Ele não queria fazer nada sem a presença de Deus. Em contrapartida a gente está vendo Saul liderando o povo, mas já está liderando sem a presença de Deus. Saul não esteve nenhum pouco preocupado quando perdeu o batismo com o Espírito Santo.

Quantas pessoas já assumiram posição de rei, estiveram no campo de batalha, na igreja, na obra de Deus; pastores, obreiros, evangelistas, que perderam a presença de Deus na sua vida e não estão nem aí, igual a Saul?

Cuidado com o fato de você se envolver tanto com a obra, se envolver tanto com a monarquia, tanto com o palácio, e se esquecer do Dono da Obra. Se esquecer do Espírito de Deus.

Não perca a presença de Deus na sua vida. O mais importante é você SER, do que FAZER.

Mensagem 117

Somos todos dependentes

Todo ser humano chega a este mundo totalmente dependente. Se você pega uma criança recém-nascida e coloca em um quarto, em cima de uma cama e a deixa sozinha, com certeza ela vai morrer de fome.

Essa criança recém-nascida nunca vai levantar para tentar conseguir o alimento para sobreviver, porque Deus, todas as vezes que coloca um ser humano neste mundo, este ser humano chega totalmente dependente (Provérbios 16/9).

Os dias vão passando, os meses vão passando, e essa dependência aumenta, porque além desse ser humano, que é uma criança, precisar ser alimentado, agora precisa também ser protegido, porque existe uma fase na vida onde o ser humano não sabe o que faz; onde o ser humano instintivamente corre para o desastre, corre para a sua própria destruição.

Todos os seres humanos são assim quando são crianças. Só que depois que a gente cresce, a maioria de nós esquece que fomos cuidados, a maioria esquece que um dia foi totalmente dependente de alguém.

Um dia alguém te carregou no colo; com certeza absoluta um dia alguém colocou comida na sua boca; um dia alguém protegeu você, evitando que você fosse vítima de acidente.

Seja grato pelo que fizeram na sua vida; seja grato pelo fato de você ter a consciência de que nunca teria chegado onde você está se alguém não suprisse essa dependência que cada um de nós tinha quando chegamos aqui neste mundo.

Infelizmente muita gente bate no peito e diz: "eu não preciso de ninguém". Eu sei que muita gente levanta a voz e diz: "ah, eu sei me virar sozinho; eu não dependo mais de ninguém". Talvez até você saiba realmente, hoje, mas um dia você precisou de alguém. É isso que o Espírito Santo está tentando te lembrar.

Jesus disse que se o homem quisesse servi-lo e compreender as coisas de Deus, este homem precisa nascer de novo, e nascer de novo significa ser totalmente dependente de Deus (João 3, versículos 1/7).

Deus na sua infinita misericórdia e sabedoria sabe fazer as coisas de uma forma tão perfeita que apesar de você hoje aí continuar dizendo que não precisa de ninguém, que sabe se virar sozinho, os anos continuam passando, a velhice chegará e você voltará ao estado que era como criança, totalmente dependente de alguém (Eclesiastes 12, versículos 1/7).

Construa uma estrada onde amanhã as pessoas tenham prazer em suprir a dependência que um dia com certeza virá mais uma vez sobre a sua vida.

Mensagem 118

O poder da oração

A bíblia nos mostra o poder que tem a oração. No livro de Josué capítulo 10, versículos 13/14 assim está escrito: **"Josué orou e o Senhor fez o sol parar e a lua se deter. Não houve dia semelhante a este, nem antes, nem depois dele, tendo o Senhor, assim, atendido a voz de um homem".**

Há muitas pessoas precisando viver milagres; precisando de respostas; precisando de promessas que se cumpram na sua vida profissional, conjugal, física e familiar, mas há muitas pessoas que se esqueceram do poder da oração.

Infelizmente há muitos cristãos correndo atrás de pastores para receberem orações. Tem muita gente confiante na oração do pastor, porque ela mesma já deixou de orar há muito tempo. Tem muita gente que não confia na sua própria oração.

A bíblia diz que devemos entrar no nosso quarto, fechar a porta e buscar ao Senhor. Nós devemos orar; devemos ter relacionamento de oração com Deus (Mateus 6, versículos 5/15).

Volte a orar. Essa é a direção do Espírito Santo para a tua vida no dia de hoje. A oração fez o sol e a lua parar; a oração tem poder de abrir portas. A oração tem poder de transformação, tem poder de avivamento, tem poder de cura, de liberar aquilo que estava preso.

Essa passagem de Josué é para estimular a nossa fé para que voltemos a orar. Pare de buscar o pastor que ora; para de buscar a oração dos outros. Deus quer ouvir a tua voz; tenha intimidade com Deus, Ele quer responder a tua oração.

Infelizmente nos dias de hoje as pessoas querem as coisas fáceis; elas querem que os outros orem por ela, que os outros façam aquilo que ela tem que fazer. Não é isso que Deus nos ensina.

Volte a orar; volte a buscar a Deus; volte a clamar ao Senhor, porque Ele é poderoso para responder a sua oração (Lucas 11, versículos 9/13). Volte a orar, porque você vai se surpreender com o que vai acontecer em sua vida.

Que Deus possa ter despertado a tua fé através desta mensagem e possa ter feito você entender que a tua oração tem poder. Ele está com saudades da tua voz.

Mensagem 119

O navio pode quebrar, mas a sua vida será preservada por Deus

Consta Atos dos Apóstolos, capítulo 27, que Paulo estava sendo levado preso para a Itália, com a finalidade de ser apresentado ao Governador César e foi colocado dentro de um navio.

Diz o texto sagrado que Paulo orientou o centurião responsável pela tripulação, que se chamava Júlio, para que eles não saíssem daquela região, porque previu um risco iminente de morte se prosseguissem aquela viagem.

Paulo havia dito para eles não saírem de Creta porque os ventos iriam piorar, a tempestade iria aumentar e isso iria colocar em risco a navegação e a sua própria vida, já que ele estava sendo escoltado em direção à Roma. Ele e uma quantidade grande de presos.

Mas o centurião preferiu não ouvir o que Paulo estava falando e seguiu a orientação do comandante daquela embarcação e partiu. Entretanto, quando chegaram próximo a Creta os ventos aumentaram, sobreveio uma tempestade terrível.

Os tripulantes começaram a ficar desesperados. Eles acham que iriam afundar, mas o texto sagrado afirma que o anjo disse ao Apóstolo Paulo que nenhum daqueles homens iria morrer. Somente o navio iria se perder, como de fato aconteceu.

Quem conhece a história sabe que eles conseguiram escapar do naufrágio, mas até chegarem à ilha de Malta passaram por uma tempestade muito grande.

As vidas daqueles homens foram preservadas, mas o navio se perdeu. Você está entendendo o que o Espírito Santo está falando através dessa passagem bíblica? **Às vezes é necessário perdermos algumas coisas para preservarmos a vida.**

Os bens materiais vão, mas a vida fica. Que Deus leve os navios, que Deus permita que certas coisas saiam da nossa vida, mas que Ele preserve o nosso coração.

É melhor Deus levar o navio do que permitir que os navios nos firam, nos machuque ou nos destruam. É melhor Deus nos tirar as coisas, do que as coisas nos quebrarem.

Veja que Deus preservou a vida daqueles homens, mas não preservou o navio.

Por algumas vezes Deus vai permitir que algumas coisas se percam na nossa vida, mas Ele não permite você se perder. Ele não deixa que nada toque em você. Ele te esconde, te preserva e te protege com a sua poderosa mão.

Deixe ir o navio. Não fique apegado aos bens materiais. Deixe ir às alianças erradas, deixe ir os caminhos errados, porque na verdade o maior interesse Deus dentro dessa embarcação é você.

O navio pode quebrar, mas a sua vida será preservada por Deus. Essa é a direção do Espírito Santo no dia de hoje.

Mensagem 120

Como é que você vai passear pelo palácio em tempo de guerra?

A bíblia relata em 2ª Samuel, capítulo 11, que no período onde os reis tinham o hábito de ir para a guerra, Davi resolveu justamente ficar em casa.

Eu não sei por qual razão ele resolveu não ir para a guerra, mas foi justamente esse motivo que o levou a perder uma guerra espiritual dentro da própria casa, porque não fez aquilo que deveria estar fazendo.

No dia em que Davi resolveu não ir para a guerra ele caiu no pecado. No dia em que Davi resolveu passear no palácio ele entrou em tentação e perdeu a guerra dentro de casa.

Nesse dia Davi deveria estar no campo de batalha, como de costume. Era cultural que todo rei tinha o costume de entrar com o seu exército na guerra, mas nesse dia ele resolveu ficar em casa. Nesse dia ele cedeu aos desejos carnais e caiu sexualmente com Betsabá.

Como é que você vai passear em tempo de guerra? Paulo disse assim: Se a trombeta der sonido incerto quem se preparará para a batalha? (1ª Coríntios 14/8). Precisamos viver uma vida preparada em Deus, em constante oração.

Não devemos sair da guerra em nenhum momento, porque no dia que você resolver sair da guerra e ficar passeando pelo palácio, o diabo vai colocar uma cena que vai te levar ao pecado.

No dia em que você resolver não mais lutar, não mais entrar no campo de batalha, o diabo já tem um cenário com Betsabá preparado para te seduzir e te levar ao pecado. Você não consegue enxergar essa trama diabólica, mas é justamente isso que ele vai preparar para qualquer um cristão que sair do campo de batalha.

Davi não era pra ter ficado em casa. Davi era para estar no campo de batalha. O que é que você está fazendo em casa? Por que você desistiu de ir pra guerra? Por que é que você largou as suas armas? Volta para a guerra.

É muito perigoso você ficar em casa da forma como você está, porque é justamente nesse momento que você está passeando pelo palácio que o diabo vai criar uma cena, uma circunstância pra te levar ao pecado.

Cuidado com esse momento que você está vivendo. Não ceda as oportunidades que estão ao seu redor, porque tudo o que o diabo quer na sua vida é um momento de descuido.

Não saia da guerra; não fique passeando no palácio. O cristão não pode sair da guerra. O cristão tem que viver uma vida de propósitos. É isso que o Espírito Santo está nos alertando no dia de hoje.

Tudo que não tiver propósito na tua vida vai te levar ao encontro com Betsabá. Se não tiver propósito naquilo que você faz, você vai cair.

Não se deixe ser levado pelo momento e achar que dá pra ficar um tempinho sem ir pra guerra, porque é justamente nesse tempinho que você vai cair. Tem que ter propósito naquilo que você faz, porque do contrário você irá cair nas tentações da vida.

Cuidado com as circunstâncias que estão ao seu redor. Se Davi tivesse ido pra guerra ele não teria visto Betsabá tomando banho e não teria o desejo de se relacionar com ela. Ele só teve o desejo porque ficou em casa.

O que é que você está fazendo em casa, quando na verdade você deveria estar na guerra? Por que você está se entregando a esse momento? Não é tempo de parar, não é tempo de largar as ferramentas da fé.